AF568458

Plotten mit Harry Potter

Jennifer S. Leidner

Plotten mit Harry Potter

30 magische DIY-Ideen für deinen Hobby-Plotter

Ein inoffizielles Buch

Inhalt

»Wenn wir träumen, betreten wir eine Welt, die ganz und gar uns gehört.«

– Albus Dumbledore

Vorwort

Liebe Leserinnen und Leser,

es ist mir eine große Freude, euch in die magische Welt des Plottens mit Harry Potter einzuführen. Dieses Buch ist das Ergebnis meiner Begeisterung für Hogwarts und meiner Faszination für die kreative Kunst des Plottens.

Während ich diese Zeilen schreibe, überkommt mich ein Gefühl der Dankbarkeit gegenüber meiner Familie und meinen Freunden. Ihr habt so oft auf mich verzichtet, während ich Stunden vor dem Plotter und im Büro verbracht habe, um meine Bastelprojekte zu verwirklichen und dieses Buch zu schreiben.

Eure Geduld, euer Verständnis und eure bedingungslose Unterstützung haben diese Reise erst möglich gemacht.

Von ganzem Herzen DANKE!

Ich möchte auch einen großen Dank an Michl und Manu, die Schöpfer des großartigen Harry-Potter-Podcasts »Hagrids Hütte«, aussprechen. Ihr habt mich mit eurem bezaubernden und sehr unterhaltsamen Podcast bei meinen vielen Bastelstunden begleitet, mir Freude bereitet und mich sehr, sehr häufig auch zum Lachen gebracht. Eure Leidenschaft für Harry Potter ist ansteckend und hat meine kreativen Stunden aufgehellt. Herzlichen Dank für eure inspirierenden Gespräche.

(Große Herzensempfehlung für jeden Potterhead!)

In diesem Buch werdet ihr entdecken, wie ihr Harry Potters Welt aufs Basteln übertragen könnt. Von Schultüten mit Filzsymbolen, die das Hogwarts-Haus eures Herzens repräsentieren, bis hin zu zauberhaften DIY-Projekten, welche den Geist der magischen Welt in euer Zuhause bringen – ich habe für jeden Potterhead etwas Großartiges vorbereitet, egal ob ihr ein Gryffindor seid und den Mut in euch tragt, ein Ravenclaw mit eurer Weisheit, ein Slytherin mit eurer List oder ein Hufflepuff mit eurer Loyalität.

Hier findet ihr Inspirationen, Anleitungen und Tipps, um magische Kunstwerke zu schaffen.

Begleitet mich auf dieser Reise in die Welt der Kreativität und Magie. Möge euer Basteln mit Harry Potter euch ebenso viel Spaß & Freude bereiten wie mir, als ich diese Projekte zum Leben erweckt habe.

Mit Dankbarkeit und Vorfreude auf unsere gemeinsame Bastelreise,

magische Grüße

Eure Jennifer Leidner

Materialübersicht

Du stehst ganz am Anfang und möchtest wissen, welche Materialien du mit deinem Plotter schneiden kannst, bzw. was dein Plotter noch alles kann? Dann hilft dir diese Auflistung, einen groben Überblick über das Arbeiten mit deinem Plotter zu bekommen.

Da sich dieses Buch auf die Arbeit mit dem Cricut Maker fokussiert, werden häufiger Produkte von Cricut genutzt. Es sei jedoch erwähnt, dass auch andere Marken durchaus großartige Produkte auf den Markt gebracht haben, die man ohne Weiteres nutzen kann.

Wichtig bei der Arbeit mit dem Plotter von Cricut: Du musst, egal für welche Arten von Material, immer die richtige Einstellung an deinem Plotter wählen! In der Software deines Plotters ist eine Vielzahl an Auswahlmöglichkeiten hinterlegt. Wählst du die richtige Einstellung, so gibt dir dein Plotter auch die Klinge vor. Sobald du die richtigen Einstellungen und Klingen eingesetzt hast, kannst du loszaubern – ähm … -plotten!

Zu jeder Kategorie findest du ein ausführliches Projekt, anhand dessen dir die einzelnen Schritte erklärt werden, sodass du anschließend auch deine eigenen magischen Projekte umsetzen kannst.

Papier

Dein Plotter kann verschiedenste Papiersorten für dich schneiden bzw. auch falzen. Ob normales Druckerpapier, dickerer Tonkarton oder auch Glitzerpapier, dein Plotter schneidet für dich nahezu jede Art von Papier wie von Zauberhand. Für dünneres Papier benötigst du die Feinschnittklinge. Um dickeren Karton bzw. Pappe zu schneiden, benötigst du beispielsweise eine Tiefpunktklinge (schwarz). Möchtest du dein Material falzen, so benötigst du noch ein Falzwerkzeug.

Übrigens: Das Messer für Papier nutzt sich recht schnell ab. Du solltest hier also das Messer auch ab und an mal wechseln, wenn du merkst, dass deine Schnitte nicht mehr ganz so sauber werden. Säubere auch immer mal wieder dein Messer, indem du es rausnimmst und Schneidereste von der Klinge entfernst.

Die »Platzkarte – Schnatz« auf Seite 17 könntest du als erstes Projekt zum Thema »Papier schneiden« verwirklichen.

Vinyl

Vinyl ist eine Klebefolie. Auch hier gibt es verschiedene Varianten. Um nur ein paar zu nennen: permanent klebend oder ablösbar, holografisch, mit Glitzer, lebensmittelecht, Velours und viele mehr.

Damit du die Vinylfolie auf dein gewünschtes Objekt aufkleben kannst, benötigst du eine Transferfolie. Diese Transferfolie klebst du nach dem Schneiden und anschließenden Entgittern auf die Vinylfolie und so kannst du ganz einfach das Motiv auf die Folie abziehen und anschließend auf dein Objekt kleben. Einfach magisch!

Dein erstes Projekt mit dem Schneiden der Vinylfolie könnte das Projekt auf Seite 41 sein: die Lichtschalterbeschriftung »Lumos & Nox«. Um Vinyl zu schneiden, benötigst du die Feinschnittklinge (silbern oder golden).

Magischer Tipp
Wenn du nicht weißt, ob du eine Vinyl- oder eine Iron-on-Folie vor dir liegen hast, dann löse die Folie ganz leicht an einer Ecke von ihrer Trägerfolie. Klebt die Folie, so ist es eine Vinylfolie. Klebt sie nicht, so ist es eine Iron-on-Folie, die ihre Klebekraft erst entfaltet, wenn sie mit Hitze in Verbindung gebracht wird.

Iron-on

Die Iron-on- oder auch Bügelfolie/FlexFolie ist zum Aufbügeln auf Textilien geeignet. Die aufgebügelten Motive halten dauerhaft auf dem Textil. Auch Holz kann man mit der Iron-on-Folie beplotten/bebügeln. Auch bei dieser Art von Folie hast du eine enorme Auswahl, sowohl in den Farben als auch in der Art der Folie. Du kannst hier zwischen klassischen glänzenden oder matten Folien, Glitzerfolien, reflektierenden, nachtleuchtenden, metallischen Veloursfolien und noch vielen mehr wählen.

Probiere doch gleich mal das erste zauberhafte Projekt »Getränkeuntersetzer aus Filz« auf Seite 65 aus.

Um Iron-on-Folie zu schneiden, benötigst du die Feinschnittklinge (silbern oder golden). Um sie anschließend auf das Textil zu übertragen, benötigst du eine Transferpresse. Die Transferpresse kannst du dir vorstellen wie ein heißes Bügeleisen. Die Folie klebt durch das Erhitzen der Klebeschicht mit der Transferpresse. Durch den zusätzlichen Druck, den du auf das Motiv und deinen Träger (Bsp. T-Shirt) ausübst, verbindet sich die Folie mit dem Stoff.

Achtung: Bei der Verarbeitung der Iron-on-Folie ist es wichtig, dass du das Motiv vor dem Plotten spiegelst. Nur so sitzt es anschließend, nach dem Bügeln, auch richtig herum auf deinem Stoff.

Beim Pressen solltest du die Hin-und-her-Bewegung, klassisch wie beim Bügeln, vermeiden, da du so den Kleber hin- und herschieben würdest. Halte deine Presse mit etwas Druck auf der zu pressenden Stelle. Möchtest du einen anderen Teil deines Motivs pressen, so nimm die Presse hoch und setze sie wieder auf das Motiv.

Holz

Der Cricut Maker kann tatsächlich auch Holz schneiden. Wichtig ist, dass das Holz nicht zu dick ist. Dünnes Balsaholz oder Furnier geht problemlos. Auch hier ist auf die Einstellung und die passende Klinge zu achten.

Das Projekt »Lesezeichen aus Holz« auf Seite 75 kannst du in einer Schritt-für-Schritt-Anleitung gleich mal ausprobieren. Du wendest in diesem Projekt auch die Technik des Iron-on noch mal an.

Um Holz zu schneiden, benötigst du die Tiefpunktklinge (schwarz).

Hinweis! Beim Schneiden von Holz benötigst du etwas mehr Zeit als bei anderen Materialien. Da der Plotter mehrere Durchgänge benötigt, heißt es hier GEDULD haben. Mach dir doch, während dein Plotter für dich zaubert, eine Tasse Tee, stelle sie auf deinen bereits gezauberten Harry-Potter-Getränkeuntersetzer und höre dir die schöne Filmmusik aus »Harry Potter« an.

Window-Cling-Fensterfolie

Window Cling ist eine besondere Folie, die nicht klebt, sondern nur haftet. So ist sie wiederverwendbar und du kannst sie problemlos an Fenstern, Spiegeln, Türen oder anderen glatten Flächen befestigen, anschließend abnehmen

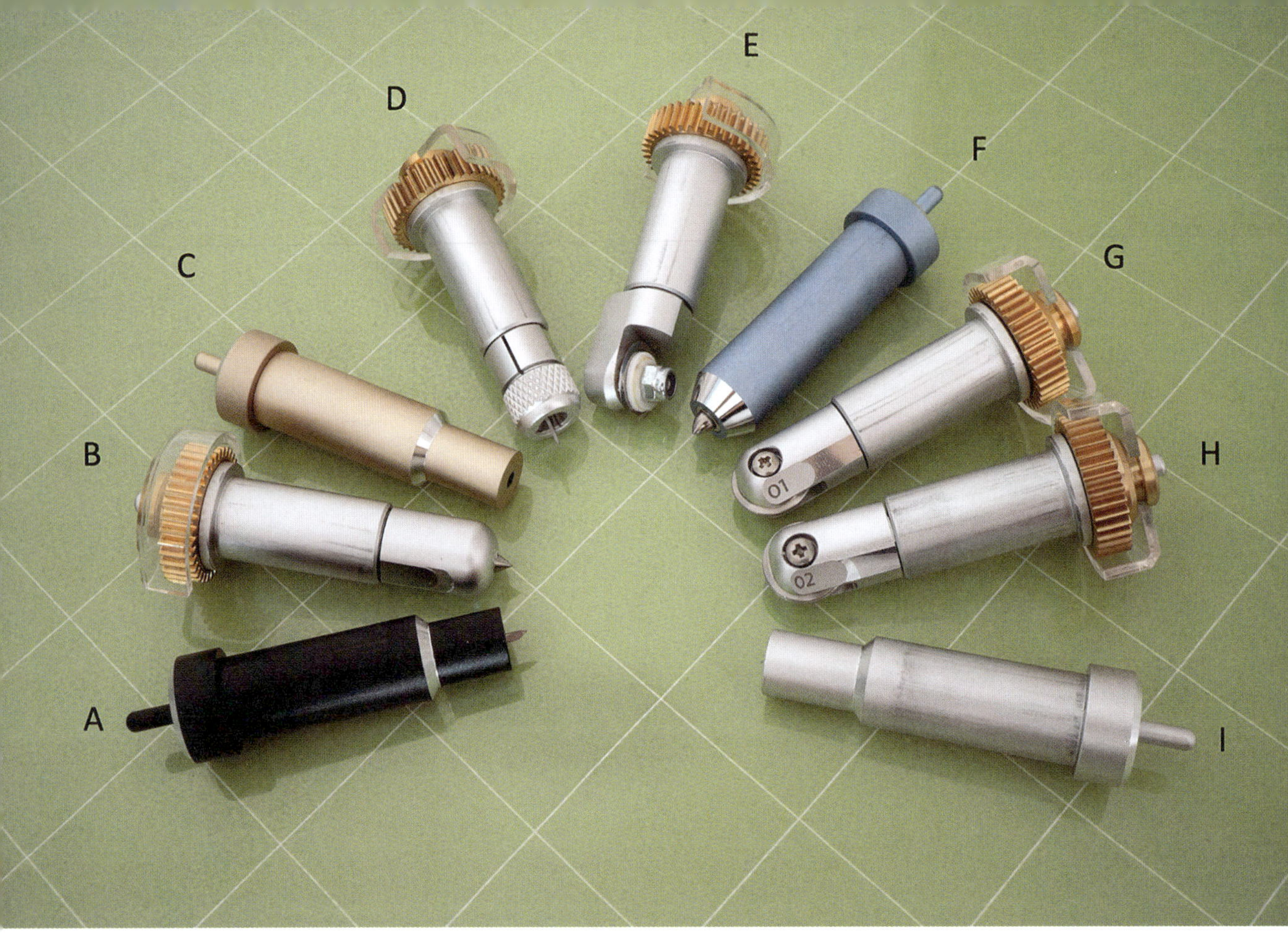

und auf den Träger legen und bei der nächsten Gelegenheit wieder aufkleben.

Probiere doch gleich mal das Projekt »Spinnen« auf Seite 48 aus.

Für die Fensterfolie benötigst du die Feinschnittklinge (silbern oder golden).

Die Klingen und Werkzeugmaschinen

Tiefpunktklinge (Deep-Point-Klinge; A):
Empfohlen für komplizierte Schnitte auf dickeren Materialien wie dickem Karton, Magnet, Spanplatte, Stempelmaterial, versteiftem Filz, Schaumstoffplatten, Pappe und einigen Stoffen. Diese Klinge muss mit dem passenden Gehäuse (schwarz) verwendet werden.

Gravierspitze (B):
Mit der Gravierspitze kannst du eine Vielzahl von Materialien verzieren. Vor allem auf Acrylglas ergibt sich ein magischer Effekt.

Feinschnittklinge (silbern oder golden; C, I):
Empfohlen für die Verwendung mit Papier, Karton, Plakatkarton, Vinyl, Iron-on und anderen dünnen bis mittelschweren Materialien. Diese Klinge wirst du vermutlich am häufigsten verwenden.

Messerklinge (D):
Die extratiefe Messerklinge schneidet durch dicke Materialien mit einer Stärke bis zu 2,4 mm, empfohlen für die Verwendung von Balsaholz, Mattenplatten und etwas dickeren Spanplatten. Die Sternräder auf deiner Rollleiste im Cricut musst du zur Seite bewegen, da die Räder sonst Abdrücke in deinem Material hinterlassen könnten!

Rotationsmesser (E):

Mit dieser Klinge kannst du problemlos jeden Stoff schnell und präzise schneiden. Bei der Arbeit mit dem Rotationsmesser ist kein Trägermaterial erforderlich. Es sollte immer mit der FabricGrip-Matte (rosa) verwendet werden.

QuickSwap-Tools (B, D, E, G, H):

Das QuickSwap-Gehäuse (der obere Teil der aufgeführten Tools) ist mit vielen verschiedenen Werkzeugen kompatibel. Wie der Name schon sagt, kannst du hier schnell und unkompliziert die Klinge (den unteren Teil) entfernen und eine andere draufsetzen. Folgende QuickSwap-Spitzen kannst du bei Cricut erwerben: Single Scoring Wheel, Double Scoring Wheel, Gravierspitze, Perforationsklinge, Prägespitze und Wellenklinge.

Magischer Tipp

Kaufe dir einmalig das Gehäuse und erweitere deine Sammlung anschließend nur durch die verschiedenen Spitzen. Das ist wesentlich kostengünstiger, als wenn du jedes Mal das komplette Gehäuse kaufen würdest.

Kerbrad & Doppelkerbrad (G + H):

Das Kerbrad bildet eine tiefe, einzelne Kerblinie, perfekt für unbeschichtete, leichte Materialien, einschließlich Krepppapier, Kopierpapier oder leichtem Karton. Das Doppelkerbrad erzeugt zwei tiefe, parallele Kerblinien. Dieses Rad nutzt du für beschichtete oder schwerere Materialien wie Plakatkarton und Pappe.

Die Matten

Magische Tipps

Plotte dir einmal die Verwendung, wie du sie jeweils unten aufgelistet siehst, auf Vinylfolie aus. So kannst du sie anschließend auf die Schutzfolien deiner Matten kleben und weißt immer, welche Matte du für welches Projekt nutzen kannst.

Lagere deine Matten hängend an der Innenseite deines Schrankes oder an einer Wand mithilfe eines Hakens. So hast du sie immer griffbereit und sie nehmen dir nicht zu viel Platz in deinen Schubladen weg.

Reinigung: Die StandardGrip-, LightGrip- und StrongGrip-Matten kannst du mit einem milden Glasreiniger reinigen, sobald du merkst, dass sie ein wenig an Klebekraft verlieren. Lass die Matten anschließend lufttrocknen. Die FabricGrip-Matte solltest du nicht selbst säubern, da auf dieser ein spezieller Kleber haftet. Vermeide es auch, mit dem Finger auf die Matte zu tapsen, da du so die Klebeschicht zerstören könntest. Falls diese Matte ihre Klebekraft verliert, empfehle ich dir, eine neue Matte zu kaufen.

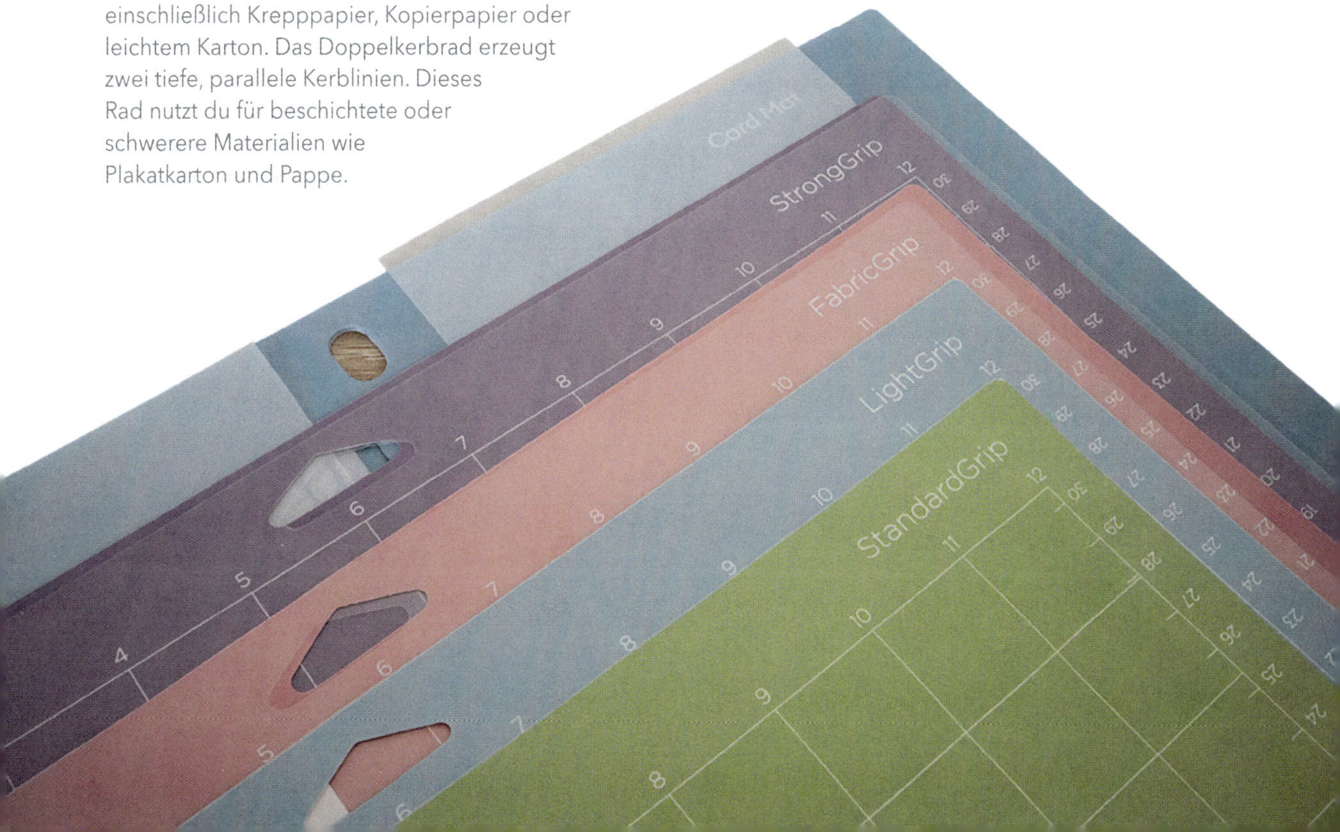

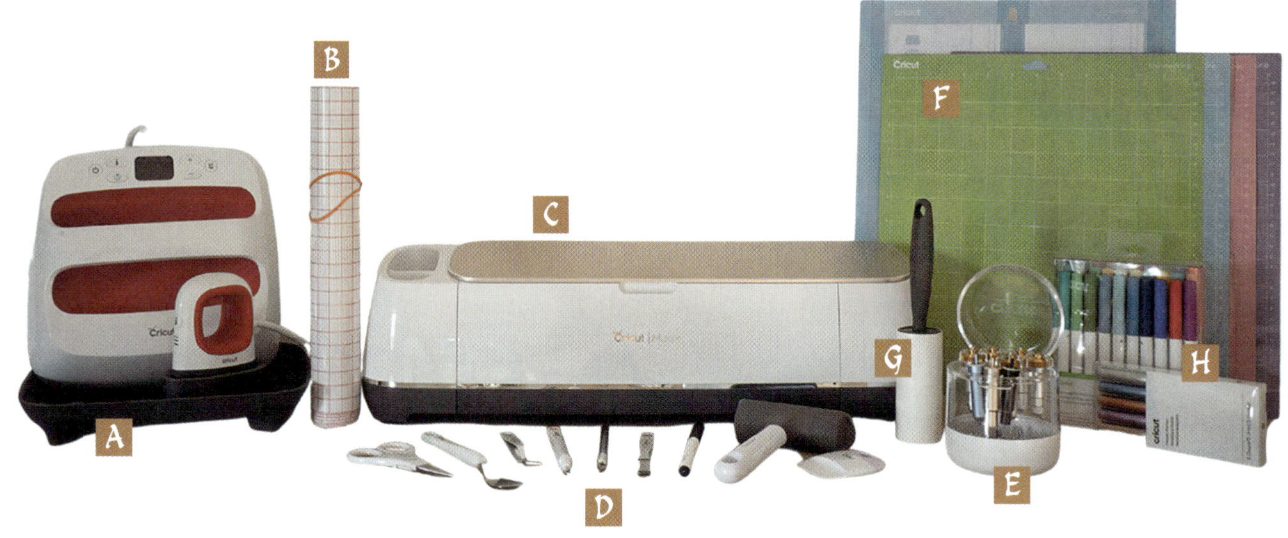

StandardGrip (grün):
Iron-on, Vinyl, Farbkarton, gemustertes Papier, geprägter Farbkarton

LightGrip (blau):
Druckerpapier, dünner Farbkarton, Pergament, Bastelpapier, Vinyl (nur wenn die Matte noch stärker klebt)

StrongGrip (violett):
Spezialkarton, Glitzerfarbkarton, Balsaholz, Stoffe mit Textilhärter, Aluminiumplatten, Acryl-platten, Filz, Leder

FabricGrip (rosa):
beliebiger Stoff (Jersey, Baumwolle, Polyester, Filz, ...), Krepppapier

Kartenmatte 2 × 2:
Wenn du die Kartenmatte 2 × 2 verwendest, bewege die weißen Sternräder deines Geräts in die Mitte der Schiene, damit sie keine Spuren auf deinen Karten hinterlassen.

Die Werkzeuge und Bügelmaschinen

(A) Transferpresse (groß und klein)
Von Cricut heißen sie Easypress 2 und Easypress mini.

Damit Wärmeübertragungsmaterial wie Iron-on erfolgreich haftet, benötigt es gleichmäßige Hitze. Dafür kannst du die Transferpresse, hier Cricut Easypress2 und Easypress mini, nutzen. Durch die Einstellung der Hitzestufen kannst du die passende Hitze für das jeweilige Material auswählen. Die große Presse beinhaltet sogar noch einen Timer, welcher dir sagt, wann der Pressschritt zu Ende ist.

Hinweis: Von der Verwendung eines Bügeleisens rate ich ab, es hat an der heißen Unterseite kleine Löcher und kann daher nie so eine gleichmäßige Hitze aufbringen wie eine der oben aufgeführten Pressen. Das Ergebnis würde leider nicht so sauber werden wie mit einer extra für diesen Vorgang konzipierten Presse.

Die Matte wird als Unterlage beim Pressen verwendet.

Natürlich kannst du deine ersten Pressversuche auch auf einem Bügelbrett machen, da dies jedoch eher unhandlich ist, empfehle ich dir diese kleine - extra für die Presse angefertigte - Transfermatte, welche du dir dazukaufen kannst.

(B) Transferfolie

Zum Übertragen von Vinylfolie auf das gewünschte Endprodukt.

Du kannst hier zwischen drei Stärken wählen. Ich selbst habe die Erfahrung gemacht, dass die mittlere Stärke vollkommen ausreicht.

Magischer Tipp

Besorge dir eine etwas größere Rolle, von der du dir die gewünschte Größe für das jeweilige Projekt abschneiden kannst.

(C) Plotter

Auf diesem Bild siehst du den Plotter »Cricut Maker« der Firma Cricut. Du kannst selbstverständlich mit Plottern von anderen Firmen arbeiten und bekommst ebenso gute Ergebnisse wie ich mit meinem Cricut Maker. Es ist einfach eine Typsache, für welchen Plotter man sich entscheidet.

(D) Einfaches Werkzeugset

Verschiedenes Entgitterwerkzeug sowie eine Rakel, die dir beim Übertragen auf die Transferfolie von Nutzen sein kann.

Eine Schere solltest du auch immer parat haben. Gerade wenn du größere Motive plottest und entgittern musst, kannst du so die überschüssige Folie, welche anschließend in den Müll kommt, abschneiden, und das weitere Entgittern fällt dir wieder leichter.

(D) Applikator- und Entferner-Set

Mit der Rolle kannst du deine Folien auf die Matten rollen und eventuelle Luftbläschen rausrollen.

Der Applikator hilft dir beim Entfernen von Müllresten, die noch auf der Matte liegen.

(E) Werkzeugorganizer

Falls du dir nach und nach mehrere Tools zulegen möchtest, eignet sich dieser Werkzeugorganizer super für die Aufbewahrung aller Werkzeuge.

Du hast so eine gute Übersicht über all deine Tools, welche hängend in deinem Organizer verstaut werden, und die verschiedenen Messer gehen nicht so schnell kaputt, wie wenn sie in einer Box gestapelt aufbewahrt werden.

(F) Schneidematten

Eine genauere Beschreibung findest du in der Auflistung der Matten.

(G) Fusselrolle

Ich lege mir zum Entgittern immer eine Fusselrolle mit an meinen Arbeitsplatz. Sobald ich etwas Folie entfernt habe, klebe ich sie an die Fusselrolle und kann problemlos und zügig weiterarbeiten.

(H) Stifte

Wenn du mit einem Plotter der Firma Cricut arbeitest, so kannst du dir passende Stifte der Firma kaufen. Diese sind extra für den Plotter hergestellt worden. Es gibt sie in vielen verschiedenen Ausführungen.

Einführung in deine zauberhaften Projekte

Der Schwierigkeitsgrad der Projekte wird jeweils mit den Blitzen auf der Schriftrolle gekennzeichnet.

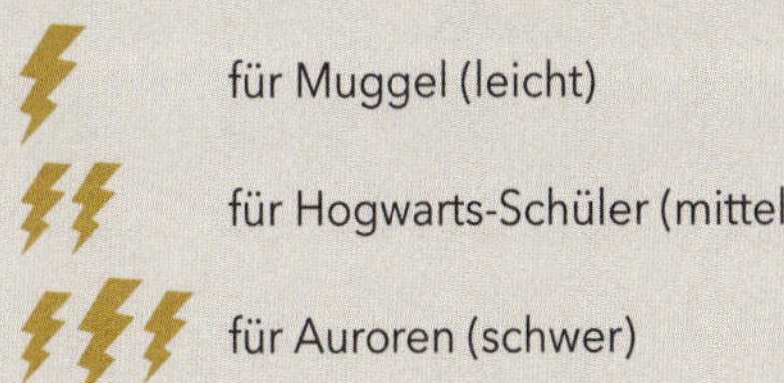

für Muggel (leicht)

für Hogwarts-Schüler (mittel)

für Auroren (schwer)

Falls du noch am Anfang mit deinen Plotterkenntnissen stehst und womöglich nicht allzu viele Tools besitzt, so lass dir gesagt sein:

Es gibt viele Designs, die du nur mit dem Standardmesser »Feinschnittklinge« (silbern oder golden) umsetzen kannst. Dieses Standardmesser ist im Regelfall beim Kauf deines Plotters dabei und du kannst sofort loslegen.

Wirst du erstmal in den magischen Strudel der P(l)otterwelt hineingesogen und hast – ebenso wie ich – Spaß bei der Umsetzung all dieser wundervollen Projekte, so kommen die weiteren Anschaffungen von ganz allein.

Wenn ich mir mal kurz Professor Trelawneys Kristallkugel ausborgen würde, dann würde ich sicherlich sehen, wie du in naher Zukunft dein Plotterzubehör erweiterst, weil du so viel Spaß an den ganzen Projekten hast.

Nun aber heißt es erst mal: »ACCIO PLOTTER!« und wir zaubern gemeinsam los!

Teile deine Projekte und zeige deine Ergebnisse bei Instagram mit folgendem Hashtag: #plottenmitharrypotter

Ich freu mich drauf!

Deine Jennifer

Plotterdateien

Die digitalen Inhalte zu diesem Buch stehen dir über den unten stehenden QR-Code zum Download zur Verfügung:

Die Dateien sind nur für den privaten Gebrauch und dürfen nicht verkauft oder weitergegeben werden.

Du findest zu überwiegend jedem Projekt jeweils Dateien mit den Endungen ».png«, ».dxf« und ».svg«.

Die verschiedenen Dateiformate wurden extra für dich angefertigt, sodass mit nahezu jeder Plottersoftware die Projekte umgesetzt werden können.

Phil

Die Platzkarte Schnatz

Diese kleinen Kunstwerke sind nicht nur lecker, sondern auch ein echter Hingucker, der jeden Gast verzaubern wird. Lass uns zusammen die Anweisungen durchgehen und deine Kreativität entfesseln, um ein Stück Hogwarts in deine Dekoration zu zaubern. Bereit, deinen inneren Zauberer zu wecken und deine Gäste zu beeindrucken? Dann lass uns loslegen und gemeinsam magische Erinnerungen schaffen.

Das Schneiden von Papier mit einem Plotter für magische Bastelprojekte

Ein Plotter ist ein vielseitiges Werkzeug, das es ermöglicht, präzise Schnitte in Papier und anderen Materialien zu erzeugen. Dies ist besonders hilfreich, wenn du kreative und individuelle Projekte gestalten möchtest. Hier ist nun eine Schritt-für-Schritt-Anleitung, wie das Schneiden von Papier mit einem Plotter funktioniert:

Schritt 1: Materialvorbereitung

Bevor du mit dem Schneiden beginnst, musst du sicherstellen, dass das Papier, das du verwenden möchtest, flach und glatt auf einer für dein Papier passenden Matte liegt. Dadurch wird verhindert, dass es während des Schneidens verrutscht. Ich selbst habe für die Platzkarten einen Glitzerkarton verwendet. Natürlich kannst du es auch mit jedem anderen Papier/Karton ausprobieren. Da der Glitzerkarton etwas dicker ist, nutze ich hier die StandardGrip-Matte, da sie etwas mehr Klebekraft hat.

Schritt 2: Design erstellen

Dein Bastelprojekt beginnt immer mit einer Idee. In einer speziellen Designsoftware kannst du das gewünschte Muster, die Formen oder den Text erstellen. Du kannst deiner Kreativität freien Lauf lassen und individuelle Designs gestalten. Damit du die Platzkarten herstellen kannst, lädst du dir den Ordner »Platzkarte« mit der Datei »Feier_Platzkarte_Schnatz« herunter. Wie dies funktioniert, wird dir in der Einführung bei »Plotterdateien« auf Seite 15 erklärt. Anschließend lädst du die Datei in deiner Software hoch.

Der Upload

Wähle dazu »Neu« (1) in deiner Software aus, dann bekommst du eine neue Oberfläche in deinem Arbeitsbereich, auf der du deine Platzkarte nun erstellen kannst. Speichere (2) dir die Datei am besten gleich ab. Ich selbst habe sie »Platzkarte_Schnatz« genannt. Anschließend klickst du auf »Hochladen« (3).

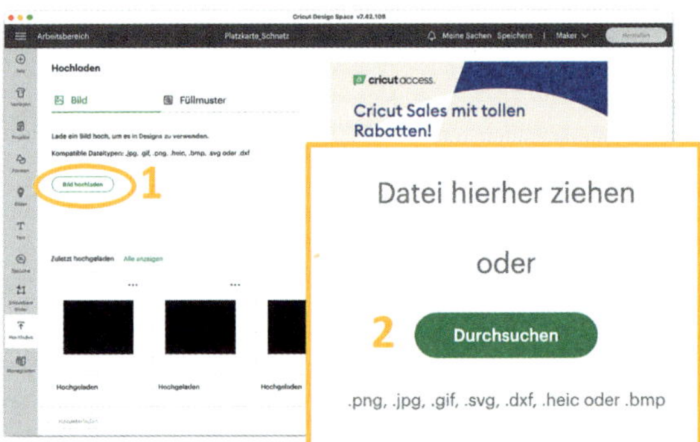

Klicke anschließend auf »Bild hochladen« (1) und danach auf »Durchsuchen« (2). Nun wählst du die Vorlage »Feier_Platzkarte_Schnatz.svg« aus und klickst auf »Öffnen«. Wählst du die Datei »Feier_Platzkarte_Schnatz.png« aus, so sieht der nächste Schritt anders aus. Achte daher auf die Endung deiner Datei.

Du siehst nun eine neue Oberfläche und kannst auf »Hochladen« (1) klicken.

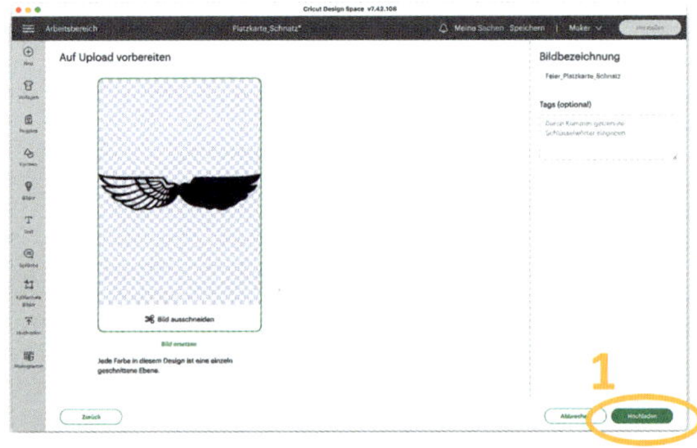

Anschließend wählst du das hochgeladene Motiv an (2) und klickst auf »Zum Arbeitsbereich hinzufügen« (3). Nun hast du deine Datei auf dem Arbeitsbereich und kannst mit der Beschriftung der Flügel fortfahren.

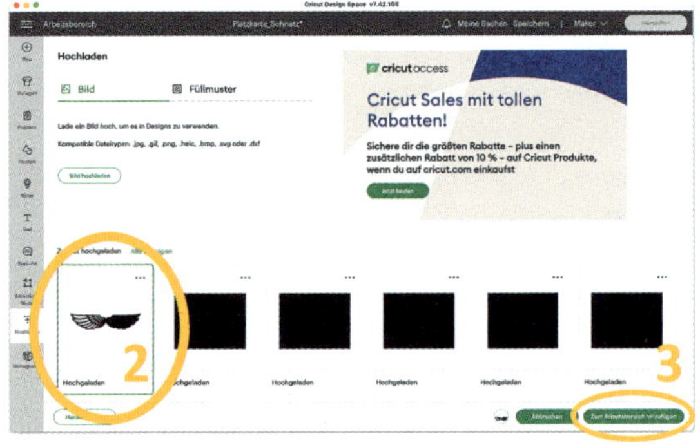

Wähle nun das Textsymbol (1) aus und schreibe den gewünschten Namen in das Feld. Du kannst anschließend noch die Schriftart (2) ändern. Achte darauf, dass bei manchen Schriftarten manche Buchstaben, wie beispielsweise »o«, »a«, »e«, »d« und einige mehr, leider nicht exakt so geplottet werden können. Es fallen die kompletten Freiräume raus. Du kannst das Ganze umgehen, indem du folgenden Zwischenschritt machst:

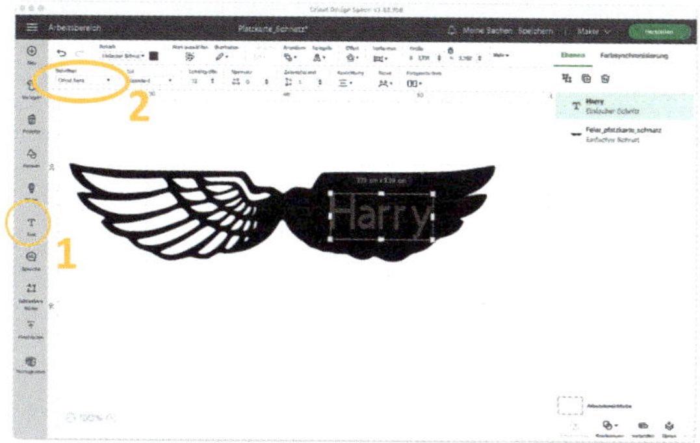

Zwischenschritt: Buchstaben bearbeiten

Manche Buchstaben musst du einzeln bearbeiten, da sie sonst nicht sauber lesbar dargestellt werden. Auf diesem Bild siehst du, was ich damit meine. Die Buchstaben »P« und »p« sind einmal richtig und einmal falsch dargestellt. Bei dem Wort »Papa« sind die Kreise innerhalb des »P« herausgefallen. Bei dem Wort »Phil« wurde der Buchstabe verändert und somit kann man diesen Buchstaben besser lesen.

Wie das funktioniert, zeige ich dir nun in diesem Zwischenschritt.

Wähle »Formen« (1) an und suche dir eine Form aus, die du nutzen möchtest. Ich selbst habe mit dem Square (2) gearbeitet und dieses für dich zur besseren Erkennung in Gelb eingefärbt. Anschließend formatierst du die Form so, dass sie die passende Größe für den Buchstaben hat, den du bearbeiten möchtest.

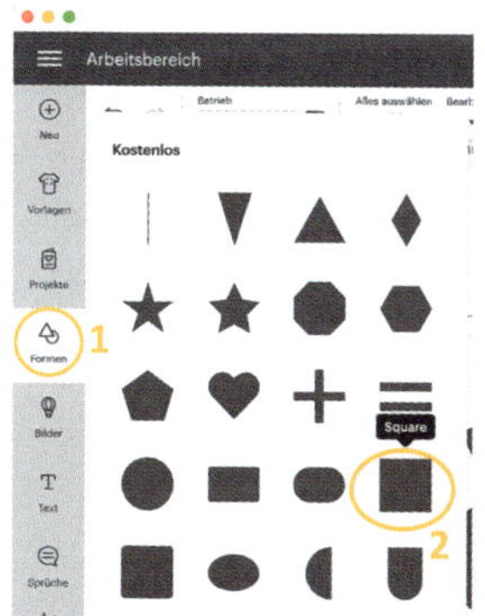

Nun wählst du beide Elemente (Schrift und Form) an. Halte dazu die Maus geklickt und ziehe sie über beide Elemente drüber. Anschließend werden dir auf der rechten Seite beide Motive farbig hinterlegt angezeigt (3). So weißt du, dass du beide Elemente ausgewählt hast. Klicke nun auf »Kombinieren« (4) und anschließend auf »Subtrahieren« (5).

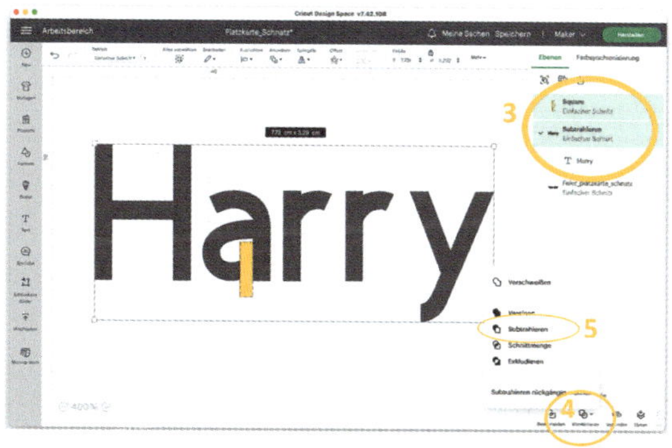

Jetzt schneidet das Programm ein »Loch« in deinen Buchstaben. Dein Buchstabe ist nun so weit, dass du ihn problemlos plotten kannst, ohne dass der komplette Buchstabe herausfällt.

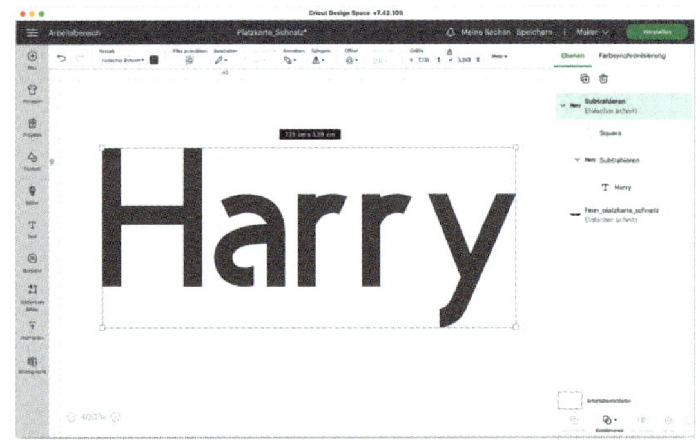

Bewege nun den Schriftzug auf den Flügel und richte ihn so aus, wie du es gern hättest. Anschließend markierst du wieder die Schrift sowie den Flügel und klickst auf »Kombinieren« und danach auf »Subtrahieren«. Nun hast du deine erste Platzkarte, zumindest schon mal in deiner Software, fertig. Ich empfehle dir, einen Probeplot zu machen, bevor du alle weiteren Platzkarten erstellst.

Meine Platzkarten sind 10 cm breit. Ziehe dir also deine Platzkarte auch auf diese Größe auf und beginne nun mit dem nächsten Schritt.

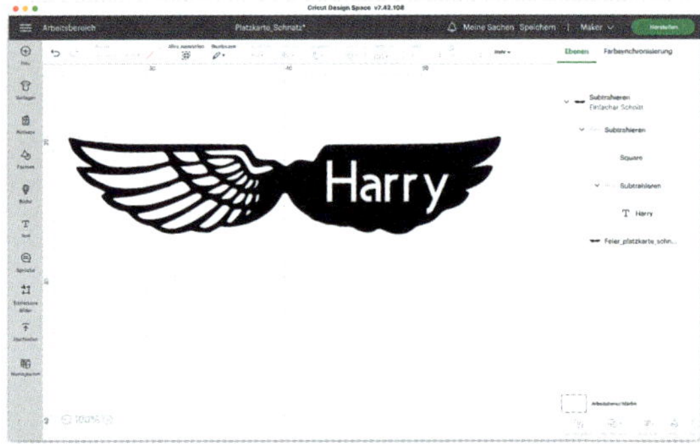

Schritt 3: Übertragung auf den Plotter

Sobald dein Design bereit ist, überträgst du es an den Plotter. Dies kann über verschiedene Methoden erfolgen, wie zum Beispiel USB, Bluetooth oder WLAN, je nach den Möglichkeiten deines Plotters.

Klicke dazu auf »Herstellen« (1), im weiterführenden Fenster wählst du die Schneidematte sowie ihre Größe aus und klickst auf »Bestätigen« (2).

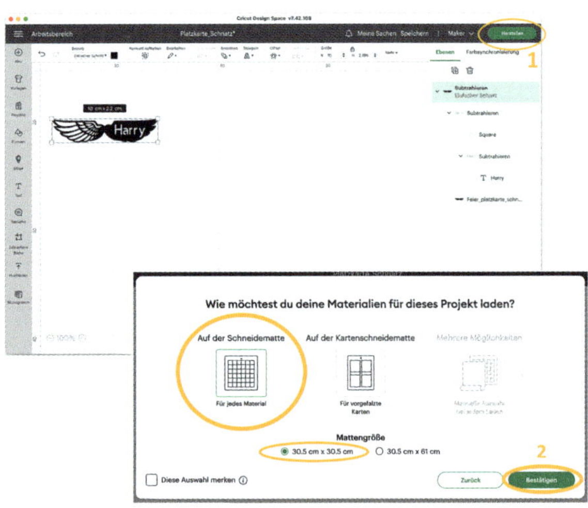

Nun platzierst du dein virtuelles Motiv noch auf deiner Schneidematte. Und klickst anschließend auf »Fortfahren« unten rechts im Fenster.

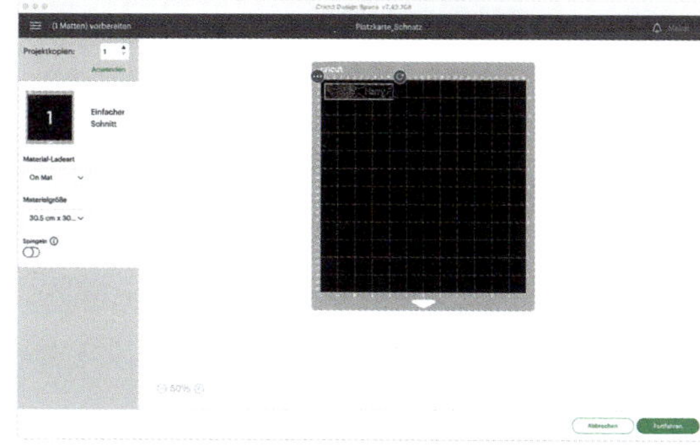

Schritt 4: Einstellungen anpassen

Bevor das Schneiden beginnt, musst du die Einstellungen deines Plotters anpassen. Dies umfasst beim Cricut Maker die Wahl des richtigen Materials. Sobald dieses eingestellt ist, weiß der Plotter automatisch, welche Schnitttiefe und weiteren Parameter er nutzen muss, da diese automatisch hinterlegt sind. Dies stellt sicher, dass deine Schnitte genau und sauber sind. Bei Plottern von anderen Herstellern kann es sein, dass du selbst die richtige Schnitttiefe, Schnittgeschwindigkeit und andere Parameter einstellen musst. Da ich mit einem Glitzerkarton arbeite, stelle ich hier beim ersten Schritt »Glitter Cardstock« (1) ein. Anschließend setze ich in Schritt 2 die Feinschnittklinge (2) in die Klemme B ein und lade meine Matte, indem ich auf meinem Plotter auf den Knopf mit dem Pfeil drücke.

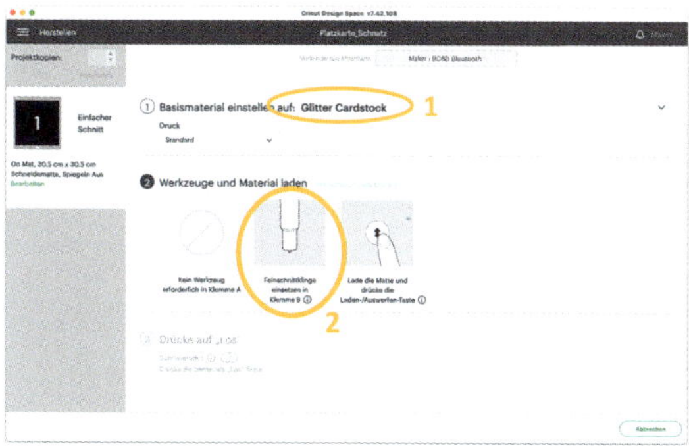

Hinweis: Falls du ein sehr grobkörniges Glitzerpapier nutzt, so empfehle ich dir die Einstellung des Materials auf »Poster Board - Kunstdruck Karton« zu setzen.

Schritt 5: Schneiden

Jetzt klickst du auf den blinkenden Knopf mit dem »Cricut-Zeichen«. Nun ist es an der Zeit, dass der Plotter seine Magie wirken lässt. Der Schneidekopf des Plotters bewegt sich präzise über das Papier und folgt den von dir festgelegten Konturen. Er schneidet das Papier genau so, wie du es entworfen hast.

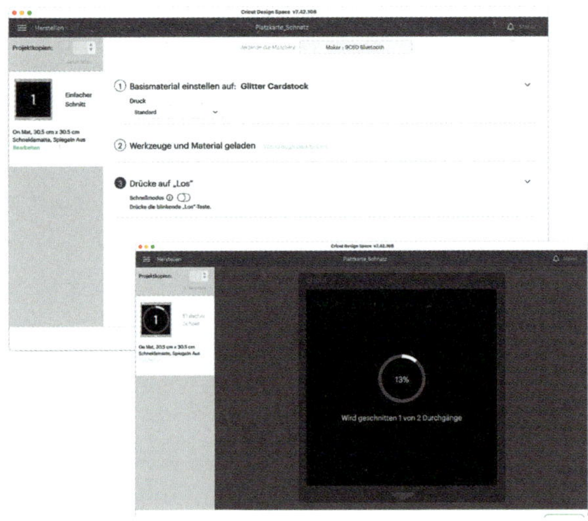

Schritt 6: Entfernen des geschnittenen Materials

Nachdem der Plotter den Schneidevorgang abgeschlossen hat, klickst du auf »Fertig« unten rechts im Fenster. Dein Plotter wirft nun die Schneidematte aus. Du kannst nun vorsichtig dein geschnittenes Material von der Matte abnehmen. Wenn es noch überschüssige Teile gibt oder wenn du zusätzliche Veredelungs-schritte durchführen möchtest, kannst du diese jetzt durchführen.

Schritt 7: Fertiges Bastelprojekt

Herzlichen Glückwunsch! Du hast dein Papier mithilfe des Plotters in ein wunderschönes Bastelprojekt verwandelt und kannst nun weitere Platzkarten gestalten. Nun entgitterst du noch vorsichtig deine Platzkarte und schon bist du fertig mit deinem ersten Projekt.

Auf der Abbildung siehst du, wie viele Platzkarten auf einmal geplottet werden können.

Die Platzkarten kannst du für deine Harry-Potter-Party anschließend mit einem kleinen Klebepunkt an ein Ferrero Rocher kleben.

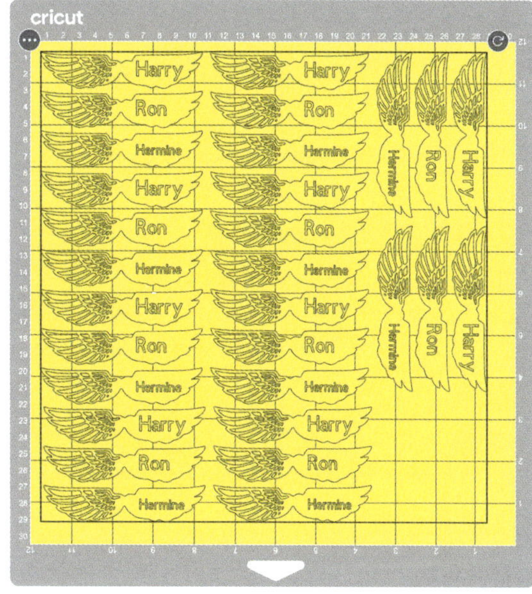

Tadaaa … fertig ist dein kleiner Schnatz, der deinen Gästen den Platz an deiner festlich geschmückten Tafel zuweist. Im weiteren Verlauf des Buches findest du noch mehr Projekte für eine festlich geschmückte Harry-Potter-Tafel, sodass ihr euch schon fast vorkommen werdet, als würdet ihr in der Großen Halle an einem der vier Haustische speisen.

HAPPY
BIRTHDAY

Happy-Birthday-Girlande

Werkzeuge
- ✓ Schneidematte (LightGrip)
- ✓ Feinschnittklinge
- ✓ Rolle
- ✓ Entgitterwerkzeug
- ✓ Schere
- ✓ Kleber oder Fotoecken

Material
- ✓ Fotokarton in Schwarz
- ✓ Glitzerkarton in Silber und Gold
- ✓ Schnur

Vorlage
- ✓ Der Ordner »Girlande« enthält weitere drei Ordner für die verschiedenen Elemente in Gold, Silber und Schwarz.

Ein schnelles und einfaches Bastelprojekt, welches du mit deinem Plotter umsetzen kannst. Hol also nun deinen Plotter hervor und lass uns loszaubern.

1. Lade die Dateien für die Girlande herunter und sichere sie auf deinem Computer. Anschließend wählst du den Upload in deiner Software aus und lädst alle benötigten Dateien in deine Software hoch.

   Platziere deine Dateien auf der Arbeitsfläche. Achte darauf, dass die Motive gleich groß sind. Dies kannst du überprüfen, indem du sie einmal übereinanderlegst.

   Klicke, sobald du mit deiner Anordnung zufrieden bist, auf »Herstellen«.

2. Klebe nun dein Papier auf die Schneidematte und rolle es fest, sodass keine Lufteinschlüsse vorhanden sind. Lade die Matte in deinen Plotter und folge den weiteren Anweisungen deiner Software.

   Wähle die passenden Einstellungen aus und lass deinen Plotter für dich zaubern … ähm … schneiden.

Materialeinstellungen

Fotokarton schwarz = Poster Board - Kunstdruck-Karton

Glitzerkarton = Glitter Cardstock - Glitzerfarbkarton

Hinweis: Die Materialeinstellungen können je nach Material abweichen. Mache hierfür in einer Ecke des jeweiligen Materials einen kleinen Testschnitt.

3. Dein Plotter ist mit dem Schneiden der Elemente fertig? Entnimm die Matte und entgittere deine Motive.

4. Klebe die verschiedenen Gold- und Silberelemente auf die passenden schwarzen Elemente der Girlande und fädle alles an einem Faden auf.

Schon ist deine Girlande einsatzbereit und du kannst deinen Raum festlich dekorieren.

Happy
Birthday

Happy-Birthday-Caketopper

Werkzeuge
- ✓ Schneidematte (LightGrip)
- ✓ Feinschnittklinge
- ✓ Rolle
- ✓ Entgitterwerkzeug
- ✓ Kleber oder Fotoecken
- ✓ Maßband

Material
- ✓ Fotokarton in Schwarz
- ✓ Schaschlikspieße

Vorlage
- ✓ Feier_CakeTopper

Du möchtest den Geburtstagskuchen im Harry-Potter-Stil aufhübschen? Dann ist dieses Projekt genau das Richtige für dich. Bastle einen Happy-Birthday-Caketopper, um deinen Geburtstagskuchen in ein magisches Meisterwerk zu verwandeln.

1. Lade die Datei herunter und sichere sie auf deinem Computer. Anschließend wählst du den Upload in deiner Software aus und lädst die benötigte Datei in deine Software hoch.

   Platziere deine Datei auf der Arbeitsfläche. Wähle die passende Größe für deine Datei aus. Richte dich hierbei nach der Größe deines Kuchens.

   Klicke, sobald du mit deiner Anordnung zufrieden bist, auf »Herstellen«.

2. Klebe nun dein Papier auf die Schneidematte und rolle es fest, sodass keine Lufteinschlüsse vorhanden sind. Lade die Matte in deinen Plotter und folge den weiteren Anweisungen deiner Software.

   Wähle die passenden Einstellungen aus und lass deinen Plotter für dich zaubern … ähm … schneiden.

Materialeinstellungen
Fotokarton schwarz = Poster Board - Kunstdruck Karton

Hinweis: Die Materialeinstellungen können je nach Material abweichen. Mache hierfür in einer Ecke des jeweiligen Materials einen kleinen Testschnitt.

3. Dein Plotter ist mit dem Schneiden der Datei fertig? Entnimm die Matte und entgittere deine Motive.

4. Klebe nun die zwei Schaschlikspieße auf die Rückseite deines Toppers. Schon ist dein Topper einsatzbereit und du kannst deinen Kuchen damit festlich dekorieren.

Magischer Tipp
Du kannst diesen Topper auch aus Holz schneiden. Dies ist ein schicker Hingucker auf deinem Kuchen. Wähle dazu das passende Holz aus und folge den Anweisungen in der Schritt-für-Schritt-Anleitung zum Thema »Holz schneiden«. Passend zum Caketopper findest du auf Seite 29 auch noch das Produkt »Muffin-topper«. So kannst du deinen festlich gedeckten Tisch mit lauter Leckereien in ein zauberhaftes Ambiente verwandeln, und die Harry-Potter-Elemente sind das Sahnehäubchen.

Muffintopper

Werkzeuge
- ✓ Schneidematte (LightGrip)
- ✓ Feinschnittklinge
- ✓ Rolle
- ✓ Entgitterwerkzeug
- ✓ Kleber
- ✓ Maßband

Material
- ✓ Fotokarton in Gold, Schwarz oder in den vier Hausfarben
- ✓ Zahnstocher

Vorlage
- ✓ Muffintopper

Diese kreativen Muffintopper repräsentieren die vier Haustiere von Hogwarts. Lass uns diese kleinen Meisterwerke erschaffen und deinen Muffins oder Snacks einen zauberhaften Touch verleihen.

1. Lade die Datei herunter und sichere sie auf deinem Computer. Anschließend wählst du den Upload in deiner Software aus und lädst die benötigte Datei in deine Software hoch.

   Platziere deine Datei auf der Arbeitsfläche. Wähle die passende Größe für deine Datei aus. Richte dich hierbei nach der Größe deiner Muffins, nimm dazu ein Maßband zu Hilfe.

   Klicke, sobald du mit deiner Anordnung zufrieden bist, auf »Herstellen«.

2. Klebe nun dein Papier auf die Schneidematte und rolle es fest, sodass keine Lufteinschlüsse vorhanden sind. Lade die Matte in deinen Plotter und folge den weiteren Anweisungen deiner Software.

   Wähle die passenden Einstellungen aus und lass deinen Plotter für dich zaubern … ähm … schneiden.

Materialeinstellungen
Fotokarton schwarz = Poster Board - Kunstdruck Karton

Hinweis: Die Materialeinstellungen können je nach Material abweichen. Mache hierfür in einer Ecke des jeweiligen Materials einen kleinen Testschnitt.

3. Dein Plotter ist mit dem Schneiden der Datei fertig? Entnimm die Matte und entgittere deine Motive.

4. Klebe nun die jeweils zwei gleichen Motive spiegelverkehrt aufeinander und zwischenrein den Zahnstocher.

   Schon ist dein Muffintopper einsatzbereit und du kannst deinen Muffin oder andere Leckereien damit festlich dekorieren.

Magischer Tipp
Du kannst die Muffintopper auch aus Holz schneiden. Dies wäre ebenfalls ein schicker Hingucker auf deinen Muffins. Wähle dazu das passende Holz aus und folge den Anweisungen in der Schritt-für-Schritt-Anleitung zum Thema »Holz schneiden«. Du kannst auch mit Glitzerkarton oder anderen großartigen Materialien arbeiten. Deiner Fantasie sind keine Grenzen gesetzt.

Konfetti

Heute werden wir zusammen kreatives Tischkonfetti gestalten, das von den vielen Motiven der Harry-Potter-Welt inspiriert ist. Lass uns diesen besonderen Touch Magie in deine Partydekoration bringen und gemeinsam in die Welt der Bastelkunst eintauchen. Mach dich bereit für ein zauberhaftes Bastelprojekt.

Werkzeuge
- ✓ Schneidematte (LightGrip)
- ✓ Feinschnittklinge
- ✓ Rolle
- ✓ Entgitterwerkzeug
- ✓ Schere
- ✓ Kleber

Material
- ✓ Fotokarton in Schwarz
- ✓ Glitzerkarton in Silber und Gold

Vorlage
- ✓ Der Ordner »Konfetti« enthält weitere drei Ordner für die verschiedenen Elemente in Braun, Gold und Schwarz.

1. Lade die Dateien herunter und sichere sie auf deinem Computer. Anschließend wählst du den Upload in deiner Software aus und lädst alle benötigten Dateien in deine Software hoch.

   Platziere deine Dateien auf der Arbeitsfläche und passe sie für deine Zwecke größentechnisch an.

   Klicke, sobald du mit deiner Anordnung zufrieden bist, auf »Herstellen«.

2. Klebe nun dein Papier auf die Schneidematte und rolle es fest, sodass keine Lufteinschlüsse vorhanden sind. Lade die Matte in deinen Plotter und folge den weiteren Anweisungen deiner Software.

   Wähle die passenden Einstellungen aus und lass deinen Plotter für dich zaubern … ähm … schneiden.

Materialeinstellungen
Fotokarton schwarz = Poster Board – Kunstdruck Karton

Glitzerkarton = Glitter Cardstock

Hinweis: Die Materialeinstellungen können je nach Material abweichen. Mache hierfür in einer Ecke des jeweiligen Materials einen kleinen Testschnitt.

3. Dein Plotter ist mit dem Schneiden der Elemente fertig? Entnimm die Matte und entgittere deine Motive.

4. Dekoriere nun deinen Tisch mit diesem wunderschönen Tischkonfetti und verleihe mit den süßen Motiven deiner Party ein magisches Feeling.

Magischer Tipp
Du kannst diese Streudeko auch großartig in Goodie-Bags oder Einladungskarten mit Umschlägen reinlegen, sodass der Empfänger mit zauberhaftem Konfetti überstreut wird und gedanklich gleich in die magische Welt von Hogwarts und Co. eintauchen kann.

Werkzeuge
- ✓ Schneidematte (LightGrip + StandardGrip)
- ✓ Feinschnittklinge
- ✓ doppeltes Falzrad (02) – nur bei den Projekten der »Laternen«, das Projekt »Windlicht« benötigt dieses nicht
- ✓ Rolle
- ✓ Entgitterwerkzeug
- ✓ Kleber oder Fotoecken

Material
- ✓ Fotokarton in Schwarz
- ✓ Pergamentpapier
- ✓ elektrische Teelichter

Vorlage
- ✓ Der Ordner »Lichtspiel« enthält weitere drei Ordner mit den Namen »Laterne klein«, »Laterne groß« und »Windlicht«. Diese jeweiligen Ordner enthalten die verschiedenen Elemente, welche für die Projekte genutzt werden müssen.

Lichtspiel mit Laternen

Lass uns das Licht der Magie entzünden und diese faszinierenden Laternen aus Karton und Pergamentpapier erschaffen, die deine Räume in ein Hogwarts-Erlebnis verwandeln werden. Bereite dich darauf vor, deinen inneren Zauberer zu wecken und mit mir auf eine Bastelreise zu gehen.

Hinweis: Die Falzlinien der Laternen sind nur als »png«-Datei vorhanden und können daher nur in der Cricut-Software genutzt werden. Alle anderen Dateien sind sowohl in ».svg«- als auch in ».dxf«-Formaten vorhanden und können so auch in anderen Plottersoftwares genutzt werden.

1. Lade die Dateien herunter und sichere sie auf deinem Computer. Anschließend wählst du den Upload in deiner Software aus und lädst alle benötigten Dateien in deine Software hoch. Wähle zuerst ein Projekt, an dem du üben kannst, und lade nicht alle Projekte auf einmal in die Software hoch.

   Platziere deine Dateien auf der Arbeitsfläche.

   Projekt Laterne: Achte darauf, dass die Motive der Laterne, die Falzlinien sowie der Pergamentzuschnitt passgenau sind. Dies kannst du überprüfen, indem du die Dateien übereinanderlegst.

   Klicke die Falzlinien an und wähle bei »Betrieb« die Option »Falzen« aus.

   Hinweis: Besitzt du keinen Cricut-Plotter, so erstelle dir in deiner Software in diesem Schritt eigene passende Falzlinien.

   Projekt Windlicht: Ebenso musst du auch hier überprüfen, ob der Pergamentzuschnitt die passende Größe für den Kartonzuschnitt hat ,und diesen gegebenenfalls anpassen.

   Klicke, sobald du mit deiner Anordnung zufrieden bist, auf »Herstellen«.

2. Klebe nun dein Papier auf die Schneidematte und rolle es fest, sodass keine Lufteinschlüsse vorhanden sind. Lade die Matte in deinen Plotter und folge den weiteren Anweisungen deiner Software.

   Hinweis: Du wirst bei dem Projekt »Laterne« das Tool zum Falzen »Doppeltes Falzrad (02)« benötigen. Lege es dir schon bereit.

   Wähle die passenden Einstellungen aus und lass deinen Plotter für dich zaubern … ähm … schneiden und falzen.

Materialeinstellungen

Fotokarton schwarz = Poster Board - Kunstdruck Karton

Pergament = Vellum - Pergamentpapier

Hinweis: Die Materialeinstellungen können je nach Material abweichen. Mache hierfür in einer Ecke des jeweiligen Materials einen kleinen Testschnitt und eine Falzlinie.

3. Dein Plotter ist mit dem Schneiden und Falzen der Elemente fertig? Entnimm die Matte und entgittere deine Motive.

4. **Laterne:** Falze nun die Kanten der Laterne nach. Klebe das Pergament an die passenden Stellen. Zum Schluss verklebst du die komplette Laterne. Halte die Laterne ein Weilchen fest, sodass sich der Kleber nicht gleich wieder lösen kann.

   Windlicht: Verklebe hier ebenfalls das Pergament mit dem Karton und anschließend den Karton selbst.

   Nun bist du fertig!

   Viel Spaß beim Dekorieren deines Zuhauses mit diesen wundervollen Laternen und Windlichtern.

Magischer Tipp

Es gibt auch farbige elektrische Teelichter. Diese kannst du in den passenden Hausfarben zu der jeweiligen Laterne einstellen und die Laterne so in dieser Farbe leuchten lassen. Vermeide bitte unbedingt echte Flammen, da diese ein zu hohes Risiko mit sich bringen.

Zauberhaftes Mobile

Werkzeuge
- ✓ Schneidematte (LightGrip)
- ✓ Feinschnittklinge
- ✓ Rolle
- ✓ Entgitterwerkzeug
- ✓ Schere
- ✓ Kleber oder Fotoecken
- ✓ Nadel

Material
- ✓ Fotokarton in Schwarz
- ✓ Glitzerkarton in Silber und Gold
- ✓ Faden
- ✓ Schnur
- ✓ DIY-Mobile-Bausatz aus dem Internet

Vorlage
- ✓ Der Ordner »Mobile« enthält drei verschiedene Dateien, sodass du die Elemente in Gold, Silber und Schwarz gestalten kannst.

In diesem zauberhaften Bastelprojekt werden wir ein Harry-Potter-Mobile für Babys aus Karton mit den bezaubernden Motiven der vier Haustiere aus Hogwarts gestalten. Dieses hübsche Mobile bringt die Welt von Hogwarts in das Kinderzimmer deines kleinen Zauberers oder deiner kleinen Hexe.

1. Lade die Dateien herunter und sichere sie auf deinem Computer. Anschließend wählst du den Upload in deiner Software aus und lädst alle benötigten Dateien in deine Software hoch.

   Platziere deine Dateien auf der Arbeitsfläche. Passe die Größen für dich und deine Zwecke an. Klicke, sobald du mit deiner Anordnung zufrieden bist, auf »Herstellen«.

2. Klebe nun dein Papier auf die Schneidematte und rolle es fest, sodass keine Lufteinschlüsse vorhanden sind. Lade die Matte in deinen Plotter und folge den weiteren Anweisungen deiner Software.

   Wähle die passenden Einstellungen aus und lass deinen Plotter für dich zaubern … ähm … schneiden.

Materialeinstellungen

Fotokarton schwarz = Poster Board - Kunstdruck Karton

Glitzerkarton = Glitter
Cardstock - Glitzerfarbkarton

Hinweis: Die Materialeinstellungen können je nach Material abweichen. Mache hierfür in einer Ecke des jeweiligen Materials einen kleinen Testschnitt.

3. Dein Plotter ist mit dem Schneiden der Elemente fertig? Entnimm die Matte und entgittere deine Motive.

4. Klebe die verschiedenen Gold- und Silberelemente aufeinander. Nun musst du mit dem Faden und der Nadel noch durch die Elemente piksen und diese anordnen, wie es dir beliebt. Fädle alles anschließend an deinem Trägerring auf. Nun befestigst du den Ring noch an Schnüren und tangierst ihn mittig aus. Schon ist dein Mobile für deinen kleinen Sch(n)atz einsatzbereit und du kannst das Mobile dort aufhängen, wo du es gern hättest.

Magische Tipps

Babys sehen in den ersten Wochen nur schwarz-weiß. Sie können vor allem Kontraste wie Schwarz auf hellem Untergrund sehr gut sehen. Daher eignet es sich tatsächlich, das Mobile in Schwarztönen zu halten, da so dein Baby die Motive besser sieht.

Im Projekt »Schultüte« wird dir gezeigt, wie du ganz wundervolle Elemente aus Filz herstellen kannst. Diese eignen sich auch sehr gut für ein Mobile. Probiere es doch mal aus. Ich bin mir sicher, du wirst begeistert sein.

Serviettenring Fliegender Schlüssel

In diesem Projekt werden wir lernen, wie man Serviettenringe in Form eines Schlüssels mit Flügeln gestaltet, die die Magie von Hogwarts auf deinen Esstisch bringen. Egal ob du eine Harry-Potter-Party planst oder einfach deine Mahlzeiten mit einem Hauch Zauberei verschönern möchtest – diese Serviettenringe werden deine Gäste begeistern und dein Tischdekor aufwerten. Bist du bereit, deine handwerklichen Fähigkeiten zu entfesseln? Dann lass uns gemeinsam in die Bastelwelt der Magie eintauchen.

1. Lade die Datei herunter und sichere sie auf deinem Computer. Anschließend wählst du den Upload in deiner Software aus und lädst die benötigte Datei in deine Software hoch. Platziere deine Datei auf der Arbeitsfläche. Wähle die passende Größe für deine Datei aus. Richte dich hierbei nach der Größe deiner Servietten.

   Klicke, sobald du mit deiner Anordnung zufrieden bist, auf »Herstellen«.

2. Klebe nun dein Papier auf die Schneidematte und rolle es fest, sodass keine Lufteinschlüsse vorhanden sind. Lade die Matte in deinen Plotter und folge den weiteren Anweisungen deiner Software.

   Wähle die passenden Einstellungen aus und lass deinen Plotter für dich zaubern … ähm … schneiden.

Materialeinstellungen
Glitzerkarton = Glitter
Cardstock - Glitzerfarbkarton

Hinweis: Die Materialeinstellungen können je nach Material abweichen. Mache hierfür in einer Ecke des jeweiligen Materials einen kleinen Testschnitt.

3. Dein Plotter ist mit dem Schneiden der Datei fertig? Entnimm die Matte und entgittere deine Motive.

4. Nun musst du nur noch den Serviettenring vorsichtig ineinanderstecken und du bist fertig.

   Viel Spaß beim Dekorieren deines festlich gedeckten Tisches.

Magischer Hinweis
Du kannst diesen Serviettenring auch aus Filz herstellen. Probiere es doch mal aus!

Werkzeuge

- ✓ Schneidematte (LightGrip)
- ✓ Feinschnittklinge
- ✓ doppeltes Falzrad (01 bzw. 02 – je nachdem, mit welcher Variante du beim Zusammenbau der Schokofroschkarte besser zurechtkommst)
- ✓ Rolle
- ✓ Presse/Bügeleisen
- ✓ Entgitterwerkzeug
- ✓ Kleber oder Fotoecken

Material

- ✓ Tonpapier in Violett (hell oder dunkel)
- ✓ Iron-on-Folie in Gold

Vorlage

- ✓ Der Ordner »Schokofroschkarte« enthält weitere drei Ordner mit den Namen »Boden«, »Deckel« und »Karte«. Diese jeweiligen Ordner enthalten die verschiedenen Elemente, welche für die Projekte genutzt werden müssen.

Hinweis: Dateien »spiegeln«!

Schokofroschkarte

Stell dir doch noch mal die Szene vor, wie Harry und Ron im Hogwarts-Express sitzen und Harry seine erste Schokofroschkarte in der Hand hält. Was war dies doch für ein magischer Moment für ihn, als der Schokofrosch aus der Schachtel gesprungen ist! Heute werden wir gemeinsam solch eine Schokofroschkarte mit dazugehörigem Karton basteln. Nur auf den Schokofrosch müssen wir hier leider verzichten, den darfst du dir in deiner Fantasie dazumalen. Dieses Projekt ist nicht nur für Potterheads ein echtes Highlight.

1. Lade die Dateien herunter und sichere sie auf deinem Computer. Anschließend wählst du den Upload in deiner Software aus und lädst alle benötigten Dateien in deine Software hoch.

   Platziere deine Dateien auf der Arbeitsfläche. Achte darauf, dass die Motive gleich groß sind. Dies kannst du überprüfen, indem du sie einmal übereinanderlegst.

   Färbe die Dateien, welche in ihrem Dateinamen »Gold« beinhalten, in Gelb ein. Dies sind die Dateien, die du aus Iron-on-Folie schneidest.

   Du kannst, wenn du möchtest, in den unteren Bereich der Schokofroschkarte noch einen Namen deiner Wahl hineinschreiben.

   Klicke die Falzlinien an und wähle bei »Betrieb« die Option »Falzen« aus.

   Klicke, sobald du mit deiner Anordnung zufrieden bist, auf »Herstellen«.

2. Klebe nun dein Papier und deine Iron-on-Folie (glänzende Seite auf Matte nach unten) auf die Schneidematten und rolle sie fest, sodass keine Lufteinschlüsse vorhanden sind. Lade die jeweilige Matte in deinen Plotter und folge den weiteren Anweisungen deiner Software.

   Achtung: Alle Dateien mit dem Dateinamen »Gold« musst du »spiegeln«!

   Wähle die passenden Einstellungen aus und lass deinen Plotter für dich zaubern … ähm … schneiden.

Materialeinstellungen
Tonpapier violett = Farbkarton (120 g)

Iron-on = Everyday Iron-on

Hinweis: Die Materialeinstellungen können je nach Material abweichen. Mache hierfür in einer Ecke des jeweiligen Materials einen kleinen Testschnitt.

3. Dein Plotter ist mit dem Schneiden der Elemente fertig? Entnimm die Matte und entgittere deine Motive.

4. Lege die verschiedenen Goldelemente auf die passenden violetten Elemente und presse sie vorsichtig mit deiner Presse auf das Tonpapier. Nimm hier die kleinste Stufe und presse nicht zu lange auf das Papier.

   Anschließend falzt du alle Elemente noch mal vorsichtig mit deinen Fingern. Zu guter Letzt kannst du nun alles zusammenkleben und bist mit deinem Projekt fertig.

Magischer Tipp
Du kannst die Schokofroschkarte als Einladung nutzen oder als süße Geburtstagskarte mit dazugehöriger Schachtel.

Zaubere dem Empfänger dieser Schokofroschkarte ein Lächeln ins Gesicht, wie es auch Harry hatte, als er das erste Mal diese Schokofroschkarte in der Hand hatte.

Lumos
Nox

Lichtschaltersticker Lumos & Nox

Werkzeuge
- ✓ Schere
- ✓ Schneidematte (LightGrip oder StandardGrip)
- ✓ Maßband
- ✓ Rakel
- ✓ Entgitterwerkzeug
- ✓ Feinschnittklinge

Material
- ✓ Vinyl (in der Farbe deiner Wahl)
- ✓ Transferfolie
- ✓ Kleber

Vorlage
- ✓ Lichtschalter1 und Lichtschalter2

Verleih deinem Zuhause einen Hauch von Zauber und Abenteuer. In diesem Bastelprojekt werden wir gemeinsam einen besonderen Lichtschalter gestalten, der von den Abenteuern des berühmten jungen Zauberers inspiriert ist. Mit unseren Lumos-Nox-Stickern zaubern wir eine einzigartige Atmosphäre in deine Zimmer, die dich in die Welt der Zauberei und Hexerei entführt. Bereite dich darauf vor, deinen Alltag mit einem Hauch von Hogwarts zu verzaubern, während wir Schritt für Schritt diesen kreativen DIY-Lichtschalter mit dem Plotter gestalten.

Bist du bereit, deinen inneren Zauberer zu wecken? Dann lass uns loslegen!

Das Schneiden von Vinyl mit einem Plotter für magische Bastelprojekte

Hier ist nun eine Schritt-für-Schritt-Anleitung, wie du Vinyl mit einem Plotter schneidest:

Schritt 1: Materialauswahl und Vorbereitung

Wähle das Vinyl aus, das du für dein Bastelprojekt verwenden möchtest. Vinyl gibt es in verschiedenen Farben und Ausführungen, darunter selbstklebendes Vinyl für Aufkleber oder dekoratives Vinyl für Wanddekorationen und viele mehr. Für das Projekt »Lichtschalter« benötigst du ein Vinyl in deiner Wunschfarbe. Bevor du mit dem Schneiden beginnst, musst du sicherstellen, dass das Vinyl, welches du verwenden möchtest, flach und glatt auf einer für dein Vinyl passenden Matte liegt. Dadurch wird verhindert, dass das Vinyl während des Schneidens verrutscht. Ich rolle mein Vinyl nach dem Platzieren noch mal mit meiner Rolle schön fest auf die Matte, sodass auch sicher nichts verrutschen kann. Die Trägerfolie muss dabei auf der Matte kleben, während die Vinylfolie nach oben schaut.

Schritt 2: Design erstellen

Damit du die Lichtschalter-Sticker herstellen kannst, lädst du dir den Ordner »Lichtschalter« herunter. Wie dies funktioniert, wird dir auf Seite 15 erklärt. In diesem Ordner findest du alle Dateien (in unterschiedlichen Formaten), die du für dein Projekt benötigst.

Anschließend lädst du die folgenden Dateien in deiner Software hoch:

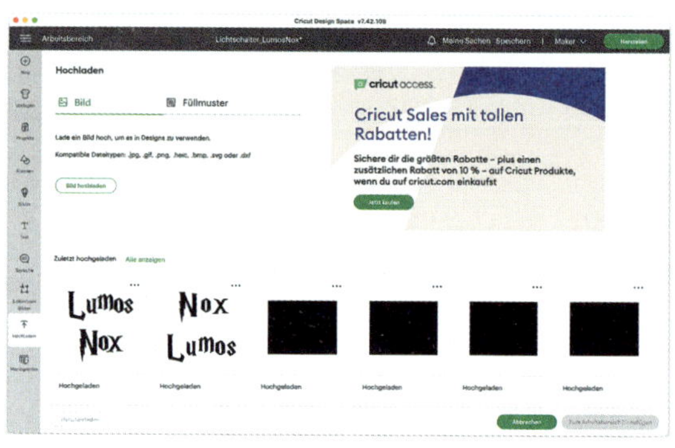

»Lichtschalter_NOX_LUMOS.svg«
»Lichtschalter_NOX_LUMOS2.svg«

Falls du den Schritt des Uploads noch nicht gemacht hast, so schaue in der Schritt-für-Schritt-Anleitung des Projektes »Die Platzkarte - Schnatz« (Seite 17) nach. Hier wird der Upload für dich in Schrift und Bild erklärt.

Sobald du deine Dateien »Lichtschalter_NOX_LUMOS.svg« und »Lichtschalter_NOX_LUMOS2.svg« hochgeladen hast, fügst du sie zu deiner Arbeitsfläche hinzu.

Speichere deine Datei am besten einmal ab, so kannst du jederzeit wieder darauf zugreifen.

Du musst nun zwei Dinge an deinem Lichtschalter prüfen. Die erste Sache, die du testen solltest, wäre, wie dein Lichtschalter funktioniert. Für alle »Muggel« unter euch hier die Erklärung der zwei Wörter: NOX = Licht aus, LUMOS = Licht an.

Du musst also schauen, in welcher Stellung dein Lichtschalter das Licht an- und in welcher er es ausschaltet.

Anschließend prüfst du die Größe deines Lichtschalters. Miss deinen Lichtschalter aus und passe dementsprechend deine Datei in der Software größentechnisch an. Wähle dann den richtigen Schriftzug aus (oben Lumos oder unten Lumos). Lösche am besten den Schriftzug, den du nicht benötigst.

Markiere alle Buchstaben und klicke auf »Verbinden« (unten rechts). Nun sind alle Buchstaben zu einem Objekt geworden und der Plotter schneidet dir die Schriftzüge mit exakt dem Abstand aus, wie du ihn angezeigt bekommst.

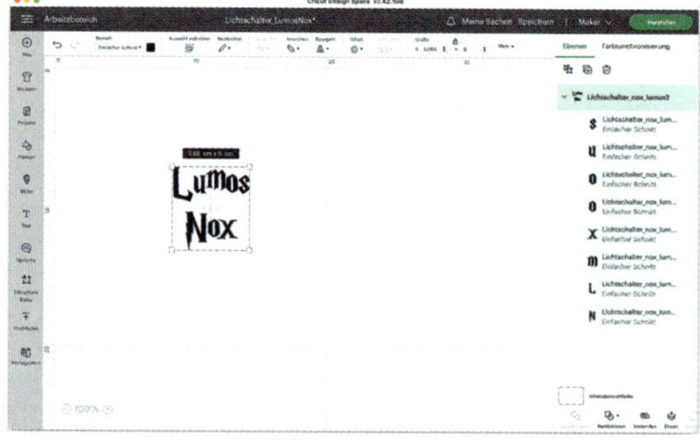

Schritt 3: Übertragung auf den Plotter

Sobald dein Design bereit ist, überträgst du es an den Plotter. Dies kann über verschiedene Methoden erfolgen, wie zum Beispiel USB, Bluetooth oder WLAN, je nach den Möglichkeiten deines Plotters. Klicke dazu auf »Herstellen« (1). Im weiterführenden Fenster wählst du die Schneidematte sowie ihre Größe aus und klickst auf »Bestätigen« (2).

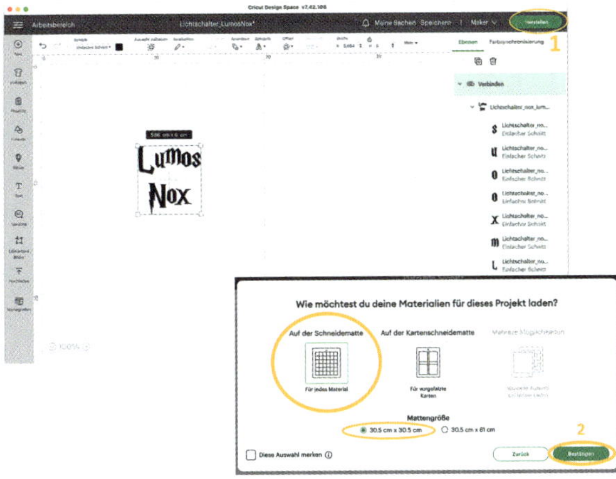

Nun platzierst du dein virtuelles Motiv noch auf deiner Schneidematte. Und anschließend klickst du auf »Fortfahren« unten rechts im Fenster.

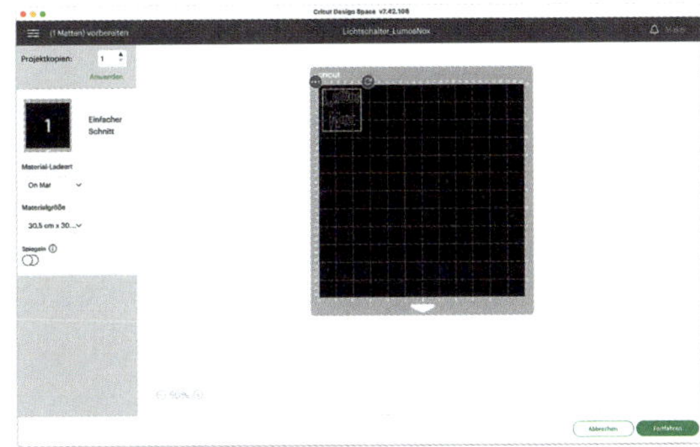

Schritt 4: Einstellungen anpassen

Bevor das Schneiden beginnt, musst du die Einstellungen deines Plotters anpassen. Dies umfasst beim Cricut Maker die Wahl des richtigen Materials. Sobald dieses eingestellt ist, weiß der Plotter automatisch, welche Schnitttiefe und weiteren Parameter er nutzen muss, da diese hinterlegt sind. Dies stellt sicher, dass deine Schnitte genau und sauber sind. Bei Plottern von anderen Firmen kann es sein, dass du selbst die richtige Schnitttiefe, Schnittgeschwindigkeit und andere Parameter einstellen musst.

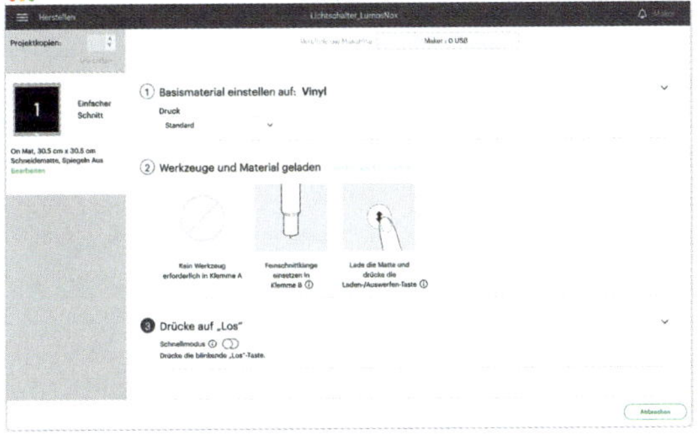

Da du mit einer Vinylfolie arbeitest, stellst du hier beim ersten Schritt »Vinyl« ein.

Im Schritt »Werkzeuge und Material geladen« setzt du nun die Feinschnittklinge in die Klemme B ein. Anschließend lädst du die Matte, indem du auf den Knopf an deinem Plotter mit dem Pfeil drückst, in deinen Plotter.

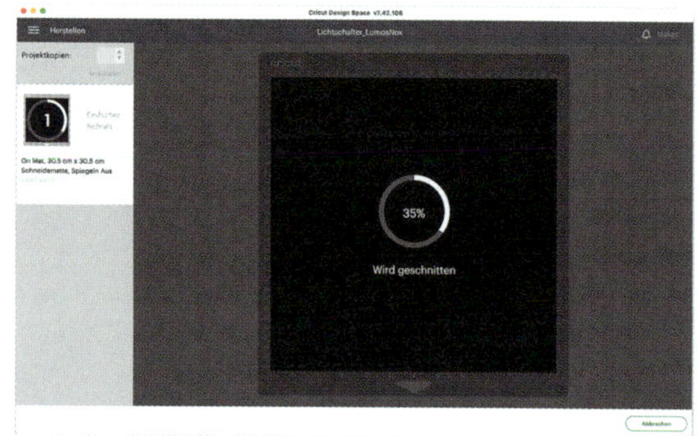

Schritt 5: Schneiden

Jetzt klickst du auf den blinkenden Knopf mit dem »Cricut-Zeichen«. Nun ist es an der Zeit, dass der Plotter seine Magie wirken lässt. Der Schneidekopf des Plotters bewegt sich präzise über das Vinyl und folgt den von dir festgelegten Konturen. Er schneidet das Vinyl genau so, wie du es entworfen hast.

Schritt 6: Entfernen des geschnittenen Vinyls

Nachdem der Plotter den Schneidevorgang abgeschlossen hat, klickst du auf »Fertig« unten rechts im Fenster. Du kannst nun vorsichtig dein geschnittenes Material von der Matte abnehmen. Anschließend kannst du mit dem Entgittern beginnen. Bist du damit fertig, so erhältst du jetzt deine Vinyldekoration oder deinen Aufkleber.

Schritt 7: Auf Transferfolie übertragen und Fertigstellung

Jetzt kannst du dein geschnittenes Vinyl auf die Transferfolie übertragen. Dazu ziehst du die Schutzfolie der Transferfolie ab und klebst sie vorsichtig auf dein Vinyl. Anschließend streichst du mit der Rakel noch mal fest über dein Motiv, sodass die Transferfolie auch gut an dem Schriftzug haftet.

Nun ziehst du langsam die Transferfolie vom Träger der Vinylfolie ab. Du hast jetzt auf deiner Transferfolie den Schriftzug kleben. Mit dieser Transferfolie kannst du nun den letzten Schritt an deinem Lichtschalter vollziehen. Klebe dazu deine Transferfolie auf den Lichtschalter und streiche anschließend noch mal fest mit der Rakel über den Lichtschalter.

Jetzt löst du das Vinyl wieder von deiner Transferfolie und nun hast du den Schriftzug passgenau auf deinen Lichtschalter geklebt.

Ob auf einem Lichtschalter, einer Wand, einem Glas, oder einem anderen Material, die Schritte sind tatsächlich immer dieselben. Das Schneiden von Vinyl mit einem Plotter eröffnet eine magische Welt der Bastelmöglichkeiten. Du kannst personalisierte Aufkleber, Schilder und Dekorationen gestalten und deine kreativen Ideen zum Ausdruck bringen. Denke daran, dass dies eine grundlegende Schritt-für-Schritt-Anleitung ist und die spezifischen Schritte je nach Projekt variieren können. Es ist wichtig, die Anweisungen des Herstellers zu beachten und mit den Funktionen deines Plotters, in unserem Fall des Cricut Makers, vertraut zu sein, um die besten Ergebnisse zu erzielen.

Werkzeuge
- ✓ Schneidematte (LightGrip)
- ✓ Feinschnittklinge
- ✓ Rolle
- ✓ Rakel
- ✓ Entgitterwerkzeug
- ✓ Maßband
- ✓ Heißklebepistole
- ✓ Transferfolie
- ✓ Scorch Marker Pro (Holzbrenn-Marker)
- ✓ Heißluftföhn
- ✓ Schleifpapier 240er-Körnung (wenn nötig)
- ✓ Hammer

Material
- ✓ Vinylfolie
- ✓ Holzbrett
- ✓ Wäscheklammern
- ✓ Wandhaken
- ✓ Nagel

Vorlage
- ✓ Der Ordner »Sockenboard« enthält weitere zwei Ordner »Hochformat« und »Querformat«, in denen die jeweils passende Datei abgespeichert ist.

Sockenboard

Free Dobby – Schablonentechnik

Heute werden wir gemeinsam ein Sockenboard basteln, das nicht nur deine Socken ordentlich hält, sondern auch eine Hommage an den befreiten Hauself Dobby ist. Du kannst einzelne Socken jederzeit an dieses Sockenboard hängen, bis diese Socke wieder ihren Partner gefunden hat. Lassen wir die Kreativität fließen und erweisen Dobby mit diesem Sockenboard die Ehre.

1. Lade die entsprechende Datei herunter und sichere diese auf deinem Computer. Anschließend wählst du den Upload in deiner Software aus und lädst die Datei in die Software hoch. Platziere deine Datei auf der Arbeitsfläche. Wähle die passende Größe für deine Datei aus. Richte dich hierbei nach der Größe deines Holzbrettes.

   Klicke, sobald du mit deiner Anordnung zufrieden bist, auf »Herstellen«.

2. Klebe nun dein Vinyl auf die Schneidematte und rolle es fest, sodass keine Lufteinschlüsse vorhanden sind. Lade die Matte in deinen Plotter und folge den weiteren Anweisungen deiner Software.

   Wähle die passenden Einstellungen aus und lass deinen Plotter für dich zaubern … ähm … schneiden.

Materialeinstellungen
Vinyl = Vinyl

Hinweis: Die Materialeinstellungen können je nach Material abweichen. Mache hierfür in einer Ecke des jeweiligen Materials einen kleinen Testschnitt.

3. Schleife nun, falls nötig, dein Brett mit einem feinen Schleifpapier (240er-Körnung) etwas ab und sorge anschließend dafür, dass es staubfrei ist.

   Dein Plotter ist mit dem Schneiden der Datei fertig? Entnimm die Matte und entgittere deine Motive.

   Achtung: Diesmal wollen wir nicht das Innere des Schriftzugs nutzen, sondern das Negativ drum herum und die Innenräume der Buchstaben. Du hast nun eine Schablone erstellt.

4. Übertrage nun mit der Transferfolie dein Motiv auf dein Holz.

   Jetzt nimmst du den Scorch Marker Pro zur Hand und füllst die Flächen innerhalb deines Motivs aus. Achte darauf, dass du überall gleichmäßig ausmalst. Bist du damit fertig, so ziehst du das Vinyl wieder von deinem Holz ab. Nun föhnst du vorsichtig mit dem Heißluftföhn über die Bemalung.

   Die Magie des Stiftes entfaltet sich langsam und es sieht aus, als hättest du den Schriftzug eingebrannt.

5. Befestige einen Wandhaken an der Rückseite des Sockenboards und platziere einen passenden Nagel in der Wand, dort, wo du dein Sockenboard aufhängen möchtest. Befestige nun noch die Wäscheklammern mit der Heißklebepistole an deinem Board und schon bist du fertig! Jetzt kannst du dein Sockenboard an die Wand hängen und hast so immer eine dekorative Aufbewahrung für alle einzelnen Socken.

   Dobby wäre sicher stolz auf dich!

Magischer Tipp
Du kannst auch mit Acrylfarbe über deine Schablone malen. Achte jedoch darauf, dass die Farbe nicht unter die Schablone fließt. Lass die Farbe trocknen, bevor du die Vinylschablone abziehst.

Werkzeuge
- ✓ Schneidematte (LightGrip)
- ✓ Feinschnittklinge
- ✓ Rolle
- ✓ Entgitterwerkzeug
- ✓ Maßband

Material
- ✓ Window-Cling-Folie (Fensterfolie) in Schwarz
- ✓ Fenster oder Spiegel zum Bekleben

Vorlage
- ✓ Der Ordner »Spinnen« enthält zwei Dateien, welche du für die Herstellung benötigst:

  - Spinnen
  - Spinnennetz

Spinnen

Warum können wir nicht den Schmetterlingen folgen?

Heute werden wir gemeinsam ein kreatives Bastelprojekt angehen und Spinnensticker gestalten, die deine Fensterdekoration in ein magisches Ambiente verwandeln. Ja, Ron würde sich lieber Schmetterlinge wünschen, doch wir wagen uns an die kleinen Krabbeltiere und plotten eine schaurige Fensterdekoration. Der Vorteil von Fensterfolie gegenüber Vinylfolie ist, dass Fensterfolie ohne Mühe auch wieder von der Oberfläche entfernt und immer und immer wieder verwendet werden kann, da sie selbsthaftend ist. Bereit, die DIY-Magie zu entfesseln und eine gruselige, aber dennoch bezaubernde Stimmung zu schaffen? Dann lass uns loslegen.

1. Lade die gewünschte Vorlage herunter und sichere sie auf deinem Computer. Anschließend wählst du den Upload in deiner Software aus und lädst die Datei darin hoch.

   Platziere deine Datei auf der Arbeitsfläche. Wähle die passende Größe für deine Datei aus. Richte dich hierbei nach der Größe deiner zu beklebenden Fläche (Beispiel Fenster oder Spiegel).

   Klicke, sobald du mit deiner Anordnung zufrieden bist, auf »Herstellen«.

2. Klebe anschließend deine Fensterfolie auf die Schneidematte und rolle diese fest, sodass keine Lufteinschlüsse vorhanden sind. Lade die Matte in deinen Plotter und folge den weiteren Anweisungen deiner Software.

   Wähle die passenden Einstellungen aus und lass deinen Plotter für dich zaubern … ähm … schneiden.

Materialeinstellungen
Window-Cling-Folie =
Window-Cling-Fensterfolie

Hinweis: Die Materialeinstellungen können je nach Material abweichen. Mache hierfür in einer Ecke des jeweiligen Materials einen kleinen Testschnitt.

3. Dein Plotter ist mit dem Schneiden der Datei fertig? Entnimm die Matte und entgittere deine Motive.

4. Du kannst die Motive nun ganz einfach von der Trägerfolie abziehen und auf die Oberfläche kleben, die du gern dekorieren möchtest. Mit diesen selbst gestalteten Spinnenstickern wird die Fensterdekoration zu einem zauberhaften Erlebnis. Diese kleinen Kreaturen fügen einen Hauch Magie hinzu, wenn sie auf dem Fenster glänzen.

   Die Sticker sind nicht nur bei Harry-Potter-Feiern als Deko geeignet, sondern sorgen auch an Halloween für eine schauderhafte Stimmung.

Magische Tipps
Bewahre dir die Trägerfolie auf. Du kannst die Sticker nach Gebrauch wieder auf die Folie kleben und sie so besser verstauen, bis sie zu ihrem nächsten Einsatz kommen.

Du kannst die Spinnen auch an Schränken, Türen oder Spiegeln entlangklettern lassen. Wie wäre es, wenn du ganz viele Spinnen überall im Haus verteilt anbringst? Falls du Spinnen auch an der Wand entlangkrabbeln lassen möchtest, so solltest du hierfür normale Vinylfolie nutzen, da die Window-Cling-Folie vermutlich nicht an jeder Wand haftet. Kaufe noch ein paar Plastikspinnen und dekoriere mit ihnen deine Location. Das schafft eine gruselige Stimmung und lässt jedes Potterhead-Herz höherschlagen. Außer vermutlich das von Ron Weasley?!

IT'S NOT
MUCH BUT
IT'S home.
Familie Schenk

Fußmatte Fuchsbau – Schablonentechnik

Werkzeuge
- ✓ Schneidematte groß (StandardGrip)
- ✓ Feinschnittklinge
- ✓ Rolle
- ✓ Rakel
- ✓ Entgitterwerkzeug
- ✓ Maßband
- ✓ Transferfolie
- ✓ Haushaltsföhn
- ✓ Pinsel (Schablonierpinsel)

Material
- ✓ Vinylfolie
- ✓ Fußmatte
- ✓ Teppichmalfarbe oder Acrylfarbe

Vorlage
- ✓ Der Ordner »Fußmatte« enthält zwei Dateien, aus denen du wählen kannst:

  - Fußmatte_länglich
  - Fußmatte

Heute werden wir gemeinsam eine Fußmatte basteln, die mit einem inspirierenden Zitat von Ron Weasley über den Fuchsbau »It's not much – but it's home!« verziert ist und zugleich den eigenen Familiennamen beinhaltet und so einen ganz persönlichen Touch bekommt. Lass uns diese besondere Fußmatte gestalten, die nicht nur deine Eingangstür verschönern wird, sondern auch die warme Atmosphäre des Fuchsbaus in dein Zuhause bringt. In diesem Projekt wirst du deine Kreativität entfalten und die Magie von Harry Potter in jedem Schritt spüren.

1. Lade die gewünschte Datei herunter und sichere sie auf deinem Computer. Anschließend wählst du den Upload in deiner Software aus und lädst die Datei in deine Software hoch.

   Platziere deine Datei auf der Arbeitsfläche. Wähle die passende Größe für deine Datei aus. Richte dich hierbei nach der Größe deiner Blanko-Fußmatte. Achte auch darauf, dass du die Maße der großen Schneidematte nicht überschreitest. Du möchtest deiner Fußmatte einen persönlichen Touch verleihen und euren Familiennamen mit auf die Matte schreiben? Dann erstelle mit der Schriftart deiner Wahl euren Familiennamen und passe ihn anschließend größentechnisch noch deinem Motiv an.

   Hinweis: Du kannst den Familiennamen auch extra plotten lassen und musst ihn nicht zeitgleich auf dieselbe Vinylfolie wie das Motiv plotten. Mit dieser Reihenfolge wirst du dich vielleicht leichter tun.

   Klicke, sobald du mit deiner Anordnung zufrieden bist, auf »Herstellen«.

2. Klebe nun dein Vinyl auf die Schneidematte und rolle es fest, sodass keine Lufteinschlüsse vorhanden sind. Lade die Matte in deinen Plotter und folge den weiteren Anweisungen deiner Software.

   Wähle die passenden Einstellungen aus und lass deinen Plotter für dich zaubern … ähm … schneiden.

Materialeinstellungen
Vinyl = Vinyl

Hinweis: Die Materialeinstellungen können je nach Material abweichen. Mache hierfür in einer Ecke des jeweiligen Materials einen kleinen Testschnitt.

3. Dein Plotter ist mit dem Schneiden der Datei fertig? Entnimm die Matte und entgittere deine Motive.

   Achtung: Diesmal wollen wir nicht das Innere des Schriftzugs nutzen, sondern das Negativ drum herum und die Innenräume der Buchstaben. Du hast nun eine Schablone erstellt.

4. Schneide dir ein großes Stück deiner Transferfolie von deiner Rolle ab und ziehe das Motiv auf die Transferfolie. Arbeite hier langsam und geduldig und nutze auch die Rakel.

   Nun überträgst du dein Motiv auf die Fußmatte. Diese Arbeit erfordert viel Geduld, da das Motiv sehr groß ist und das Vinyl nicht sehr gut an der Fußmatte haftet. Hast du es geschafft, so gebe ich dir folgenden Tipp: Föhne das Vinyl ganz leicht mit ausreichender Entfernung an. Das Vinyl haftet nun ein wenig besser an der Fußmatte und du kannst bei dem weiteren Schritt besser arbeiten.

Hinweis: Teste den Föhnschritt vorerst an einer kleinen Ecke, bevor du über das ganze Motiv föhnst. Es kann auch sein, dass sich deine Vinylfolie (je nach Hersteller) anders verhält und so der Schritt besser ausgelassen wird.

5. Ist deine Schablone nun auf der Matte, so nimmst du Pinsel und Farbe zur Hand und füllst die Flächen innerhalb deines Motivs aus. Achte darauf, dass du überall gleichmäßig ausmalst - vor allem an den Kanten -, sodass du hinterher schöne saubere Abschlüsse in deinem Motiv und der Schrift hast!

   Lasse die Farbe lang genug trocknen. Es dauert eine Weile, bis die Farbe richtig eingezogen ist. Teste immer mal wieder, indem du mit dem Finger auf die Farbe tupfst.

6. Sobald die Farbe trocken ist, kannst du die Schablone vorsichtig abziehen und schon bist du fertig! Nun kannst du mit der Matte deinen Eingang verschönern und ich bin mir sicher, dass jeder Potterhead mit einem Lächeln bei dir eintritt.

Hinweis: Deine Fußmatte ist ein wirklich toller Hingucker, jedoch wird sie nicht für immer so aussehen. Sobald man an ihr öfter die Schuhe abgerieben hat, wird die Matte nicht mehr lange so schön aussehen. Möchtest du noch länger Freude an deiner Matte haben, so empfehle ich, die Matte nicht allzu sehr mit den Schuhen zu beanspruchen und die Füße nicht an ihr zu reiben, sondern sie nur als Deko zu nutzen.

Magischer Tipp

Du kannst deine Fußmatte auch mit Acryllackspray besprühen. Schüttle die Dose vor Gebrauch kräftig und sprühe anschließend in kurzen Sprühstößen auf die Matte. Vermeide anhaltendes Sprayen auf einen Punkt. Arbeite mit vielen kurzen Sprühstößen, so verkleben die Fasern nicht.

Sollte an manchen Stellen der Sprühnebel unter die Schablone geraten sein, so kannst du dies mit Nackellackentferner und einem alten Lappen korrigieren.

Werkzeuge
- ✓ Schneidematte (LightGrip)
- ✓ Feinschnittklinge
- ✓ Rolle
- ✓ Rakel
- ✓ Entgitterwerkzeug
- ✓ Maßband
- ✓ Transferfolie

Material
- ✓ Vinylfolie
- ✓ Briefablage aus Holz oder Kunststoff

Vorlage
- ✓ Briefablage

Briefablage

In diesem Projekt werden wir gemeinsam eine Briefablage gestalten, die mit der aufregenden Aufschrift »Waiting for my letter from Hogwarts« verziert ist. Dieses DIY-Projekt wird einen Hauch von Magie in deine tägliche Organisation bringen. Lass uns die Kreativität entfalten und diese inspirierende Briefablage gestalten.

1. Lade die gewünschte Datei herunter und sichere sie auf deinem Computer. Anschließend wählst du den Upload in deiner Software aus und lädst die Datei in deine Software hoch.

   Platziere deine Datei auf der Arbeitsfläche. Wähle die passende Größe für deine Datei aus. Richte dich hierbei nach der Größe deiner Briefablage.

   Klicke, sobald du mit deiner Anordnung zufrieden bist, auf »Herstellen«.

2. Klebe nun dein Vinyl auf die Schneidematte und rolle es fest, sodass keine Lufteinschlüsse vorhanden sind. Lade die Matte in deinen Plotter und folge den weiteren Anweisungen deiner Software.

   Wähle die passenden Einstellungen aus und lass deinen Plotter für dich zaubern … ähm … schneiden.

> ***Materialeinstellungen***
> Vinyl = Vinyl
>
> Hinweis: Die Materialeinstellungen können je nach Material abweichen. Mache hierfür in einer Ecke des jeweiligen Materials einen kleinen Testschnitt.

3. Dein Plotter ist mit dem Schneiden der Datei fertig? Entnimm die Matte und entgittere deine Motive.

4. Nimm nun deine Transferfolie und ziehe das Motiv auf die Transferfolie. Arbeite hier langsam und geduldig und nutze auch das Rakel. Nun überträgst du dein Motiv auf die Briefablage. Diese Arbeit erfordert viel Geduld, da das Motiv sehr filigran ist. Rakel das Motiv mit genügend Druck auf deine Briefablage und ziehe anschließend die Transferfolie ab.

5. Platziere nun deine fertige Briefablage an einen Ort deiner Wahl. Stell dir nur mal vor, wie die Briefablage mit der Aufschrift »Waiting for my letter from Hogwarts!«, welche du vielleicht im Hauseingang platziert hast, die Aufmerksamkeit deiner Gäste auf sich zieht und ein Lächeln auf ihre Gesichter zaubert. Diese persönliche Note wird deinem Zuhause einen Hauch von Magie verleihen und so gleich deine Begeisterung für die Welt von Harry Potter zeigen. Sie dient nicht nur als praktischer Organizer für all deine Briefe (ja, auch die, welche nicht aus Hogwarts kommen), sondern auch als charmantes Statement, das jeden Besucher in die faszinierende Zauberwelt in Hogwarts eintauchen lässt.

   Und wer weiß … vielleicht ist ja irgendwann wirklich der richtige Brief dabei - träumen darf man ja schließlich immer!

> ***Magischer Tipp***
> Die Kuverts mit Siegel auf diesem Foto wurden ebenfalls mit dem Plotter erstellt. Gehe dazu zu dem Kapitel »Hogwartsbriefe« und erstelle dir dein heiß ersehntes Hogwarts-Kuvert oder gestalte es als Einladung für deine Gäste zu deiner Harry-Potter-Party.

Spiegelsticker

Werkzeuge
- ✓ Schneidematte (LightGrip)
- ✓ Feinschnittklinge
- ✓ Rolle
- ✓ Rakel
- ✓ Entgitterwerkzeug
- ✓ Maßband
- ✓ Transferfolie

Material
- ✓ Vinylfolie in Rot
- ✓ Spiegel deiner Wahl

Vorlage
- ✓ KammerdesSchreckens

Die Kammer des Schreckens wurde geöffnet

Heute werden wir gemeinsam einen Sticker aus Vinyl gestalten, um deinen Spiegel mit der gruseligen Aufschrift »Die Kammer des Schreckens wurde geöffnet …« zu verzieren. Dieses kreative Projekt wird deinem Spiegel eine düstere und zugleich faszinierende Atmosphäre verleihen, die an die Abenteuer in Hogwarts erinnert. Lass uns den Spiegelsticker gestalten und deine Spiegel in ein aufregendes Element deiner Harry-Potter-Deko verwandeln.

1. Lade die gewünschte Datei herunter und sichere sie auf deinem Computer. Anschließend wählst du den Upload in deiner Software aus und lädst die Datei in deine Software hoch. Platziere deine Datei auf der Arbeitsfläche. Wähle die passende Größe für deine Datei aus. Richte dich hierbei nach der Größe deines Spiegels.

   Klicke, sobald du mit deiner Anordnung zufrieden bist, auf »Herstellen«.

2. Klebe nun dein rotes Vinyl auf die Schneidematte und rolle es fest, sodass keine Lufteinschlüsse vorhanden sind. Lade die Matte in deinen Plotter und folge den weiteren Anweisungen deiner Software.

   Wähle die passenden Einstellungen aus und lass deinen Plotter für dich zaubern … ähm … schneiden.

Materialeinstellungen
Vinyl = Vinyl

Hinweis: Die Materialeinstellungen können je nach Material abweichen. Mache hierfür in einer Ecke des jeweiligen Materials einen kleinen Testschnitt.

3. Dein Plotter ist mit dem Schneiden der Datei fertig? Entnimm die Matte und entgittere deine Motive.

4. Nimm nun deine Transferfolie und ziehe das Motiv auf die Transferfolie. Arbeite hier langsam und geduldig und nutze auch die Rakel. Nun überträgst du dein Motiv auf deinen Spiegel. Diese Arbeit erfordert viel Geduld, da das Motiv sehr filigran ist. Rakel das Motiv mit genügend Druck auf deinen Spiegel und ziehe anschließend die Transferfolie ab.

5. Stell dir vor, wie diese Aufschrift mysteriöse Vibes in dein Zuhause bringt und wie sie die Neugier und das Interesse deiner Gäste weckt. Jeder Blick in den Spiegel wird zu einem kleinen Abenteuer, und du wirst dich fühlen, als wärst du mitten in der spannenden Welt von Harry Potter. Diese Dekoidee verleiht deinem Raum nicht nur Charakter, sondern erzählt auch eine faszinierende Geschichte über die Abenteuer von Harry, Ron und Hermine. Ein Muss für jeden Potterhead!

Magischer Tipp
Du kannst den Sticker auch als Wandtattoo gestalten. Nutze dazu die große Schneidematte, damit du das Motiv großformatig an der Wand anbringen kannst, und eine selbstklebende matte Vinylfolie, welche sich optimal für die Wandtattoos eignet.

9¾

Weihnachtsbaum-schmuck

Werkzeuge

- ✓ Schneidematte (LightGrip)
- ✓ Feinschnittklinge
- ✓ Rolle
- ✓ Rakel
- ✓ Entgitterwerkzeug
- ✓ Maßband
- ✓ Transferfolie

Material

- ✓ Vinylfolie in der Farbe deiner Wahl
- ✓ Holzscheiben/Holzanhänger mit Faden

Vorlage

Der Ordner »Weihnachtsbaumschmuck« enthält zwei Dateien, aus denen du wählen kannst:

Weihnachtsbaumschmuck1
Weihnachtsbaumschmuck2

Für die ganz besonders zauberhaften Tage im Jahr

In der Welt von Harry Potter wird Weihnachten auf magische Weise noch besonderer. In diesem Bastelprojekt werden wir gemeinsam einzigartigen Weihnachtsbaumschmuck mithilfe deines Plotters gestalten, indem wir Harry-Potter-Motive auf Holzscheiben zaubern, die du in deinen Weihnachtsbaum hängen kannst. Tauche gemeinsam mit mir ein in die festliche Atmosphäre von Hogwarts und lass uns kreativ werden und deinen Baum in ein magisches Meisterwerk verwandeln.

Folgende Motive bekommst du als Vorlage zum Download!

Die Motive kannst du paarweise auf die Holzscheiben anbringen, sodass die Vorder- und die Rückseite zueinanderpassen.

1. Lade die gewünschte Datei herunter und sichere sie auf deinem Computer. Anschließend wählst du den Upload in deiner Software aus und lädst die Datei in deine Software hoch.

   Platziere deine Datei auf der Arbeitsfläche. Wähle die passende Größe für deine Datei aus. Richte dich hierbei nach der Größe deiner Holzscheiben.

   Magischer Tipp
   Füge eine Form in exakt der Größe deiner Holzscheibe ein und lege sie hinter die Datei. So kannst du die Größe der Datei passgenau an die Holzscheibengröße anpassen.

   Klicke, sobald du mit deiner Anordnung zufrieden bist, auf »Herstellen«.

2. Klebe nun dein Vinyl auf die Schneidematte und rolle es fest, sodass keine Lufteinschlüsse vorhanden sind. Lade die Matte in deinen Plotter und folge den weiteren Anweisungen deiner Software.

   Wähle die passenden Einstellungen aus und lass deinen Plotter für dich zaubern … ähm … schneiden.

   Materialeinstellungen
   Vinyl = Vinyl

   Hinweis: Die Materialeinstellungen können je nach Material abweichen. Mache hierfür in einer Ecke des jeweiligen Materials einen kleinen Testschnitt.

3. Dein Plotter ist mit dem Schneiden der Datei fertig? Entnimm die Matte und entgittere deine Motive.

4. Nimm nun deine Transferfolie und ziehe das Motiv auf die Transferfolie. Arbeite hier langsam und geduldig und nutze auch die Rakel. Sorge dafür, dass die Holzscheiben staub- und fettfrei sind. Nun überträgst du deine Motive auf die Holzscheiben. Diese Arbeit erfordert viel Geduld, da einige Motive sehr filigran sind. Rakel die Motive mit genügend Druck auf deine Holzscheiben und ziehe anschließend die Transferfolie ab.

5. Nun kannst du deinen Weihnachtsbaum mit einem Hauch von Zauberei festlich schmücken. Stell dir vor, wie die Holzscheiben mit den charmanten Harry-Potter-Motiven in deinem Baum funkeln und die Geschichten von Hogwarts erzählen. Jeder Anblick wird dich und deine Gäste in die zauberhafte Welt von Harry, Hermine und Ron entführen. Dieser einzigartige Schmuck verleiht deinem Weihnachtsbaum nicht nur einen festlichen Glanz, sondern erzählt auch eine zauberhafte Geschichte rund um Hogwarts. So wird Weihnachten zu einem magischen Abenteuer, das alle begeistern wird.

   Magischer Tipp
   Du möchtest die Holzscheiben in einer anderen Farbe an deinen Baum hängen? Dann besprüh die Scheiben ganz einfach, vor dem Bekleben mit der Vinylfolie, mit einer Sprühfarbe und verleihe so deinem Weihnachtsbaumschmuck ein neues Design.

Hier siehst du vier Beispiele, wie der Weihnachtsbaumschmuck auf der Vorder- und Rückseite aussehen kann.

Werkzeuge
- ✓ Schneidematte
- ✓ (LightGrip)
- ✓ Feinschnittklinge
- ✓ Rolle
- ✓ Rakel
- ✓ Entgitterwerkzeug
- ✓ Maßband
- ✓ Transferfolie

Material
- ✓ Vinylfolie in Rot
- ✓ Spiegel deiner Wahl

Vorlage
- ✓ KammerdesSchreckens

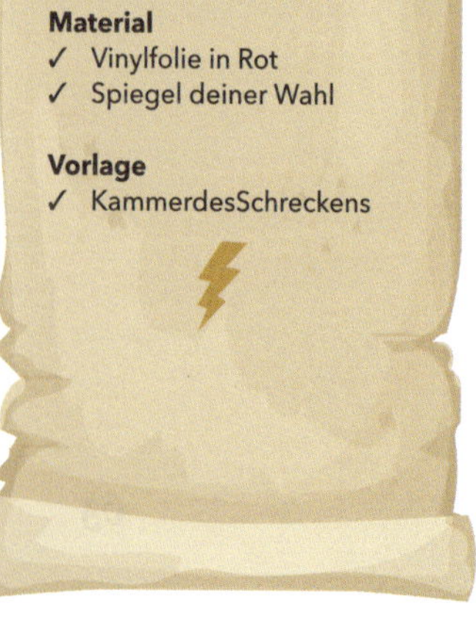

Hausgläser von Hogwarts

»100 Punkte für Gryffindor!«

Wer kennt sie nicht, die legendäre Punkteverteilung der Hauspunkte in Hogwarts? Visualisiert werden die Hauspunkte in großen Stundengläsern, welche in Hogwarts stehen. Diese Stundengläser werden wir nun etwas abwandeln und uns für unser eigenes Zuhause eine kleinere Variante davon erstellen. Gestalte großartige Hausgläser, die du zu dekorativen Zwecken nutzen kannst. In unserem Beispiel nutzen wir die Hausgläser als kleine Candybar mit farblich passend gefüllten Süßigkeiten. Legen wir gemeinsam los!

1. Lade die gewünschte Datei herunter und sichere sie auf deinem Computer. Anschließend wählst du den Upload in deiner Software aus und lädst die Datei in deine Software hoch. Platziere deine Datei auf der Arbeitsfläche. Wähle die passende Größe für deine Datei aus. Richte dich hierbei nach der Größe deiner Gefäße.

   Klicke, sobald du mit deiner Anordnung zufrieden bist, auf »Herstellen«.

2. Klebe nun deine schwarze Vinylfolie auf die Schneidematte. Rolle das Vinyl fest, sodass keine Lufteinschlüsse vorhanden sind. Lade die Matte in deinen Plotter und folge den weiteren Anweisungen deiner Software.

   Wähle die passenden Einstellungen aus und lass deinen Plotter für dich zaubern … ähm … schneiden.

Materialeinstellungen
Vinyl = Vinyl

Hinweis: Die Materialeinstellungen können je nach Material abweichen. Mache hierfür in einer Ecke des jeweiligen Materials einen kleinen Testschnitt.

3. Dein Plotter ist mit dem Schneiden der Datei fertig? Entnimm die Matte und entgittere deine Motive.

4. Nimm nun deine Transferfolie und ziehe die Motive auf die Transferfolie. Arbeite hier langsam und geduldig und nutze auch die Rakel. Nun überträgst du dein Motiv auf dein Gefäß. Diese Arbeit erfordert viel Geduld, da die Motive sehr filigran sind. Rakel das Motiv mit genügend Druck auf dein Gefäß und ziehe anschließend die Transferfolie ab.

5. Die Gefäße mit den Wappen der Haustiere von Hogwarts sind eine magische Bereicherung für deine Partydekoration. Wenn du sie strategisch platzierst, fangen sie die Blicke deiner Gäste ein und zaubern ein Lächeln auf ihre Gesichter. Diese dekorativen Gefäße können vielseitig eingesetzt werden, sei es als originelle Tischdekoration, um Getränkeflaschen, welche farblich passend gefüllt sind, stilvoll zu servieren, oder als charmante Aufbewahrung für Süßigkeiten und Snacks. Sie sind nicht nur ein Blickfang, sondern auch ein Gesprächsthema, das die Faszination von Hogwarts in deine nächste Party einbringt.

Magischer Tipp
Du möchtest die Wappen in der Farbe der Häuser plotten? Kein Problem! Klebe dazu dein rotes, blaues, gelbes und grünes Vinyl auf die Schneidematte. Platziere sie genau dort, wo du das jeweilige Motiv ausgeschnitten haben möchtest. Lade anschließend deine Matte in den Plotter und folge den weiteren Anweisungen deiner Software.

Wenn du eine Party feierst und Getränke in den vier Hausfarben (Gelb, Rot, Blau, Grün) hast, so kannst du auch diese Flaschen mit den passenden Vinylstickern verschönern. Beispielsweise sieht der Kirschsaft in einer Flasche mit dem Wappen von Gryffindor sicher supertoll aus!

Getränkeuntersetzer aus Filz

Werkzeuge

- ✓ Schere
- ✓ Schneidematte (LightGrip oder StandardGrip)
- ✓ Maßband
- ✓ Entgitterwerkzeug
- ✓ Feinschnittklinge
- ✓ Presse/Bügeleisen + Unterlage

Material

- ✓ Iron-on-Folie (in der Farbe deiner Wahl)
- ✓ Filzuntersetzer

Vorlage

- ✓ Untersetzer_Hut

Heute nehmen wir uns ein zauberhaftes Bastelprojekt vor und verwandeln einfache Glasuntersetzer aus Filz in magische Harry-Potter-Filzuntersetzer, die deine Tischdeko auf ein ganz neues Level heben werden. Mit ein wenig handwerklichem Geschick und einer Prise Hogwarts-Zauber kannst du deine Gäste bei der nächsten Feier verzaubern. Begleite mich, während wir Schritt für Schritt durch die Anleitung gehen und dieses wunderbare Projekt gestalten. Mach dich bereit, deine Liebe zur Welt von Harry Potter in dein Zuhause zu bringen und eine unvergessliche Tischdekoration zu schaffen.

Das Schneiden von Bügelfolie mit einem Plotter für zauberhafte Bastelprojekte

Das Schneiden von Bügelfolie mit einem Plotter ist eine großartige Möglichkeit, individuelle Designs für Textilprojekte zu erstellen, wie zum Beispiel personalisierte T-Shirts, Taschen, Kissenbezüge oder andere Dekoobjekte. Hier ist nun eine Schritt-für-Schritt-Anleitung, wie du Bügelfolie mit einem Plotter schneidest und so zauberhafte Glasuntersetzer im Harry-Potter-Style herstellen kannst.

Schritt 1: Materialauswahl und Vorbereitung

Wähle die Bügelfolie aus, die du für dein Bastelprojekt verwenden möchtest. Bügelfolien gibt es in verschiedenen Farben und Ausführungen. Für das Projekt »Getränkeuntersetzer« benötigst du eine Bügelfolie in deiner Wunschfarbe. Du kannst die verschiedenen Motive auch in den Hausfarben von Hogwarts plotten, oder du machst es nun so wie ich und plottest sie vorerst komplett in Schwarz.

Bevor du mit dem Schneiden beginnst, musst du sicherstellen, dass die Bügelfolie, welche du verwenden möchtest, flach und glatt auf einer für deine Bügelfolie passenden Matte liegt. Dadurch wird verhindert, dass die Folie während des Schneidens verrutscht. Ich rolle meine Bügelfolie nach dem Platzieren noch mal mit meiner Rolle schön fest auf die Matte, sodass auch sicher nichts verrutschen kann.

Hinweis: Sorge dafür, dass die glänzende Seite, die Klebeseite, nach unten (auf die Matte) zeigt.

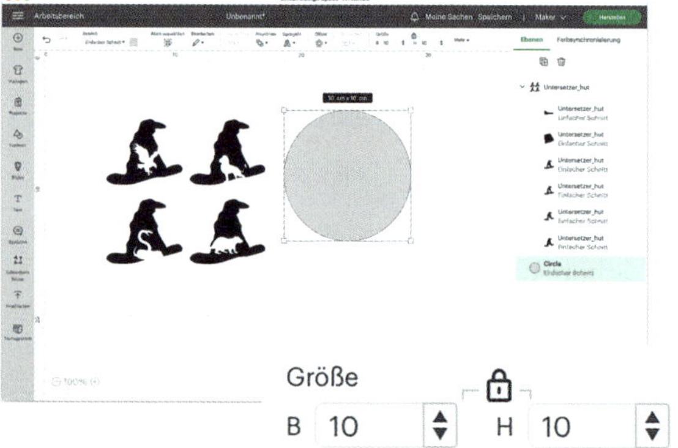

Schritt 2: Design erstellen

Damit du die Getränkeuntersetzer herstellen kannst, lädst du dir die Datei »Untersetzer_Hut« herunter. Wie dies funktioniert, wird dir auf Seite 15 erklärt. Anschließend lädst du die Datei in deiner Software hoch.

Falls du den Schritt des Uploads noch nicht gemacht hast, so schaue in der Schritt-für-Schritt-Anleitung des Projektes »Die Platzkarte - Schnatz« (Seite 17) nach. Hier wird der Upload für dich in Schrift und Bild erklärt.

Miss deinen Filzuntersetzer aus, sodass du dein Motiv in der Größe anpassen kannst. (Mein Filzuntersetzer hat den Durchmesser von 10 cm.)

Anschließend ziehst du dir eine Form in exakt dieser Größe auf deinem Arbeitsbereich auf.

Nun kannst du die Hausmotive, welche du plotten möchtest, über deine Form ziehen und die Größe kinderleicht anpassen. Klicke dazu deine Form (der Kreis) mit der rechten Maustaste an und klicke auf »in den Hintergrund«.

Nun liegt der Kreis eine Ebene hinter deinen zu plottenden Motiven und du kannst die Motive auf den Kreis schieben.

Hast du die Größe angepasst, so kannst du nun deinen Kreis wieder löschen.

Klicke ihn an und drücke anschließend die Löschtaste.

Markiere alle Motive gleichzeitig und klicke auf »Verbinden« (unten rechts im Fenster).

Nun werden alle Motive mit den exakten Abständen zueinander geplottet, wie du sie auf deiner Arbeitsfläche siehst.

Schritt 3: Übertragung auf den Plotter

Lade dein Design in die Software deines Plotters hoch und übertrage es auf das Gerät. Dies kann über verschiedene Methoden erfolgen, wie USB, Bluetooth oder WLAN, je nach den Funktionen deines Plotters.

Klicke dazu auf »Herstellen« (1).

Im weiterführenden Fenster wählst du die Schneidematte sowie ihre Größe aus und klickst auf »Bestätigen« (2).

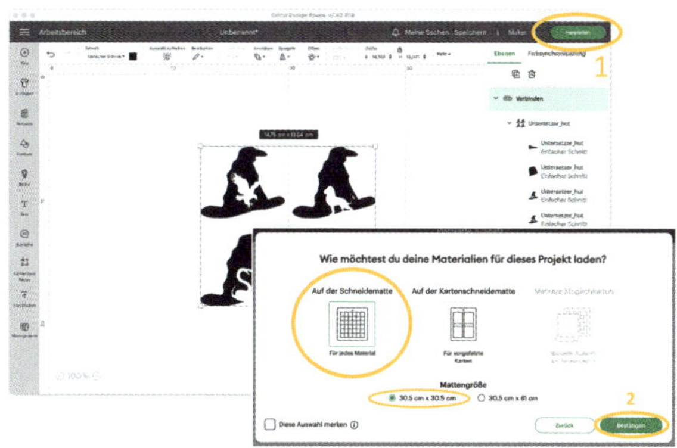

Schritt 4: Einstellungen anpassen

Wichtig: Wenn du mit einer Bügelfolie arbeitest, so musst du dein Motiv immer spiegeln. In dem Fall unserer Motive wäre es tatsächlich nicht so schlimm, wenn du das »Spiegeln« (1) vergessen würdest. Arbeitest du jedoch mit Schrift, ist es dringend notwendig, da du sonst deine Schrift verkehrt herum auf dein Textil aufbringen würdest.

Klicke auf »Fortfahren« (2).

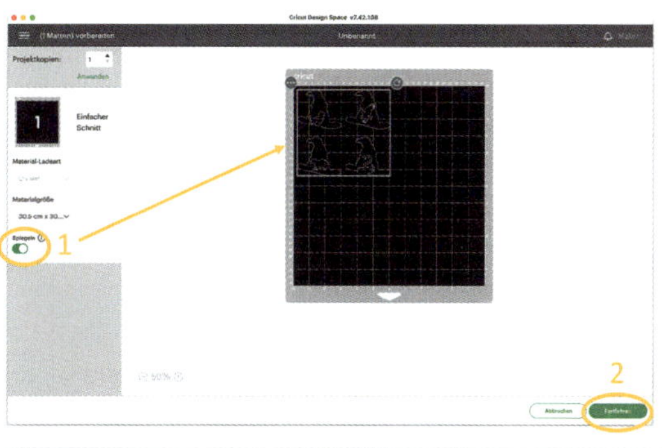

Bevor das Schneiden beginnt, musst du die Einstellungen deines Plotters anpassen. Dies umfasst beim Cricut Maker die Wahl des richtigen Materials. Sobald dieses eingestellt ist, erkennt der Plotter automatisch, welche Schnitttiefe und weiteren Parameter er nutzen muss, da diese hinterlegt sind. Dies stellt sicher, dass deine Schnitte genau und sauber sind.

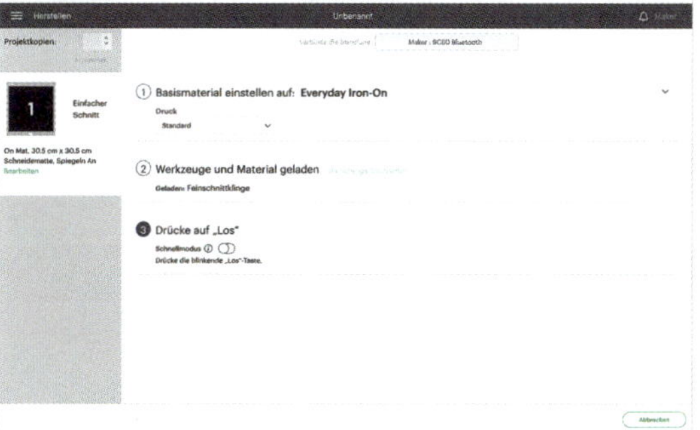

Bei Plottern von anderen Firmen kann es sein, dass du selbst die richtige Schnitttiefe, Schnittgeschwindigkeit und andere Parameter einstellen musst.

Da ich mit einer Standard-Bügelfolie arbeite, stelle ich hier beim ersten Schritt »Everyday Iron-on« ein.

Im Schritt »Werkzeuge und Material geladen« setzt du nun die Feinschnittklinge in die Klemme B ein. Anschließend lädst du die Matte, indem du auf den Knopf an deinem Plotter mit dem Pfeil drückst, in deinen Plotter.

Kontrolliere, ob an der linken Seite »Spiegeln An« steht. Fall nicht, so hast du den Schritt »Spiegeln« vergessen und musst noch mal einen Step zurückgehen.

Schritt 5: Schneiden

Jetzt klickst du auf den blinkenden Knopf mit dem »Cricut-Zeichen«. Nun ist es an der Zeit, dass der Plotter seine Magie wirken lässt. Der Schneidekopf des Plotters bewegt sich präzise über die Bügelfolie und folgt den von dir festgelegten Konturen. Er schneidet die Folie genau so, wie du es entworfen hast.

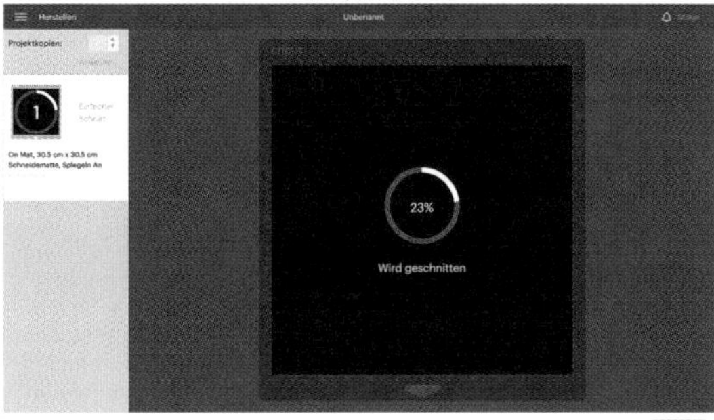

Magisch, oder? Man könnte hier eigentlich Professor Lockhart zitieren: »Das ist ja wie Zauberei!«

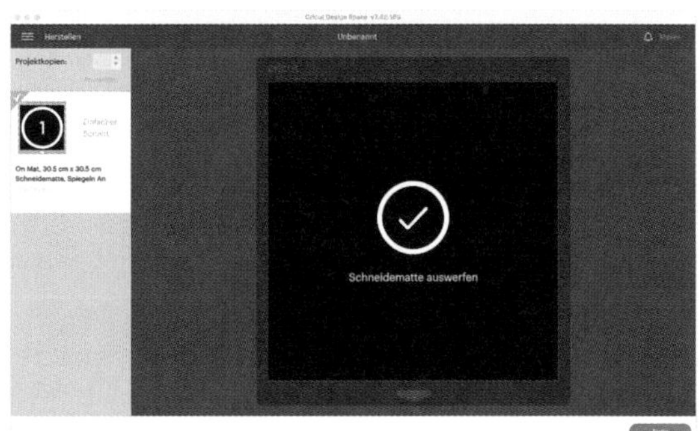

Schritt 6: Entgittern

Nachdem der Plotter den Schneidevorgang abgeschlossen hat, klickst du auf »Fertig« unten rechts im Fenster. Du kannst nun vorsichtig dein geschnittenes Material von der Matte abnehmen. Schneide deine Motive ganz grob einmal aus, sodass nicht zu viel von deiner Bügelfolie an Abfall anfällt und du den Rest deiner Folie noch weiterverwenden kannst.

Danach entfernst du vorsichtig die überschüssige Bügelfolie um deine Designs, indem du sie von der Trägerfolie abziehst. Dies wird als »Entgittern« bezeichnet und hinterlässt nur die gewünschten Elemente auf der Trägerfolie. Du wirst merken, dass das Entgittern bei einer Bügelfolie wesentlich einfacher ist als bei einer Vinylfolie.

Schritt 7: Pressen/Bügeln auf das Textil

Schneide nun die vier Motive mit geraden Schnitten auseinander. Jetzt kannst du die geschnittene Bügelfolie mit dem Trägermaterial auf das gewünschte Textil legen. Du verwendest eine Hitzepresse (oder ein Bügeleisen), um die Folie zu übertragen. Stelle sicher, dass du die Anweisungen für die Bügeleinstellungen und die Dauer gemäß den Angaben der Bügelfolie befolgst.

Die Anweisungen findest du meist auf der Internetseite des Shops, bei dem du deine Folien bestellen kannst.

Schritt 8: Fertigstellung

Je nach Bügelfolie kannst du die Trägerfolie warm oder kalt abziehen. Auch diese Anweisung steht beim Kauf deiner Folie mit dabei.

Sobald es abgekühlt ist, ist dein individuelles Design dauerhaft auf dem Textil verankert. Nun hast du deine fertigen vier Glasuntersetzer mit den Hausmotiven fertig.

Magischer Tipp

Falls du noch mal über ein Motiv drüberpressen möchtest, so nutze Backpapier, um es zwischen dein Motiv und die Presse zu legen. Gehe nie mit der heißen Presse auf dein Motiv. Das Motiv wird sonst an deiner Presse haften und du zerstörst dein Bastelprojekt. Möchtest du noch weitere Motive auf deine Untersetzer plotten, so kannst du beispielsweise auch die Motive aus dem Bastelprojekt »Weihnachtsbaumschmuck« auf Seite 59 dafür nutzen.

Ich habe dir noch ein Beispiel erstellt, wie die Untersetzer in den vier Hausfarben von Hogwarts aussehen könnten.

Das Schneiden von Bügelfolie mit einem Plotter eröffnet viele Möglichkeiten für individuelle Textilgestaltung. Du kannst einzigartige Kleidungsstücke und Geschenke kreieren und deine kreativen Ideen in die Tat umsetzen.

Auch in diesem Buch wirst du noch das ein oder andere magische Projekt zum Thema »Bügelfolie schneiden« finden.

Werkzeuge
- ✓ Schneidematte (LightGrip)
- ✓ Feinschnittklinge
- ✓ Rolle
- ✓ Entgitterwerkzeug
- ✓ Maßband
- ✓ Presse/Bügeleisen + Unterlage

Material
- ✓ Iron-on-Folie in den Farben deiner Wahl
- ✓ Backpapier
- ✓ Topfhandschuh

Vorlage
- ✓ Der Ordner »Topfhandschuh« enthält sieben Dateien, welche du für die Herstellung benötigst:

Ei
Punkte Schale
Norbert grün
Auge weiß
Punkte grün
Outlines
Text

Hinweis: Dateien »spiegeln«!

Topfhandschuh

Hagrids kleinen Stachelbuckel Norbert werden wir heute in unser Plotterprojekt aufnehmen. Wir gestalten in den nachfolgenden Schritten einen Topfhandschuh, auf dem der kleine Drache prangt. Dieses Projekt wird nicht nur deine Küche verschönern, sondern dir auch beim Kochen und Backen ein Lächeln ins Gesicht zaubern.

1. Lade die gewünschten Dateien herunter und sichere sie auf deinem Computer. Anschließend lädst du die Dateien in deine Software hoch. Wähle die passende Größe für deine Dateien entsprechend der Größe deines Topfhandschuhs aus. Achte darauf, dass die Motive passgenau zueinander sind. Färbe die Dateien unterschiedlich ein, sodass du problemlos mit mehreren Matten arbeiten kannst, auf die unterschiedliche Folienfarben und Folienarten geklebt werden können.

   Die Dateien sind einzeln für dich von mir erstellt worden, sodass du, wie in meinem Beispiel, mit unterschiedlich farbigen Folien sowie Glitzerfolien arbeiten kannst.

   Klicke, sobald du mit deiner Anordnung zufrieden bist, auf »Herstellen«.

2. Klebe nun deine Iron-on-Folien mit der glänzenden Seite nach unten auf die Schneidematte und rolle sie fest, sodass keine Lufteinschlüsse vorhanden sind. Lade die Matte in deinen Plotter und folge den weiteren Anweisungen deiner Software.

   Denk daran, dass du die Dateien »spiegeln« musst, da du mit Iron-on-Folien arbeitest.

   Arbeitest du mit einer klassischen Iron-on-Folie und hast unterschiedliche Farben, so kannst du auch mehrere Folienelemente auf deiner Schneidematte platzieren. Damit der Plotter dann die richtige Datei auf der richtigen Folie ausschneidet, musst du in deiner Software noch die Dateien anordnen.

   Falls du, wie ich im Beispiel, mit einer Glitzerfolie arbeiten möchtest, so achte darauf, dass diese Folie bestenfalls auf einer extra Schneidematte platziert wird, da du für die Glitzerfolie eine andere Material-/Schneideeinstellung wählen musst. Eventuell musst du die Folie noch zusätzlich mit Klebeband auf der Matte befestigen, da sie durch die Glitzeroberfläche nicht so gut haftet wie normale Iron-on-Folien.

   Wähle die passenden Einstellungen aus und lass deinen Plotter für dich zaubern … ähm … schneiden.

Materialeinstellungen
Iron-on = Everyday Iron-on

Iron-on-Glitzerfolie = Glitter Iron-on

Hinweis: Die Materialeinstellungen können je nach Material abweichen. Mache hierfür in einer Ecke des jeweiligen Materials einen kleinen Testschnitt.

3. Dein Plotter ist mit dem Schneiden der Datei fertig? Entnimm die Matte und entgittere deine Motive.

4. Nimm nun deine Presse und heize sie vor. Achte hierbei auf die Herstellerangaben deiner zu verarbeitenden Folie. Presse, sobald die Presse startbereit ist, dein Motiv auf den Handschuh. Da du in verschiedenen Ebenen nach und nach deine Motive auf den Handschuh pressen musst, legst du immer ein Backpapier auf die schon gepresste Folie, die nicht von deiner neuen zu pressenden Iron-on-Folie mit Transferpapier abgedeckt wird.

   Falls du dies nicht tust und aus Versehen mit deiner Presse die Folie berührst, zerstörst du dein bisherig angebrachtes Motiv.

   Ich empfehle dir, die Folien in folgender Reihenfolge anzubringen: Ei, Punkte Schale, Norbert grün, Auge weiß, Punkte grün, Outlines, Text.

   Ziehe die Transferfolie nach jedem Pressvorgang vorsichtig ab. Achte auch hier wieder auf die Herstellerangaben der Folien. Manche Folien kannst du heiß und manche nur kalt abziehen.

5. Nachdem du alle Folien abgezogen hast, ist dein Topfhandschuh einsatzbereit.

   Viel Spaß beim Kochen und Backen mit deinem zauberhaften Topfhandschuh!

Schlüsselbrett

Werkzeuge
- ✓ Schneidematte (LightGrip)
- ✓ Feinschnittklinge
- ✓ Rolle
- ✓ Entgitterwerkzeug
- ✓ Maßband
- ✓ Presse/Bügeleisen + Unterlage

Material
- ✓ Iron-on-Folie in den Farben deiner Wahl
- ✓ Backpapier
- ✓ Holzbrett (grobe Oberfläche, siehe »Magischer Tipp«)
- ✓ Haken

Vorlage
- ✓ Der Ordner »Schlüsselbrett« enthält vier Dateien, welche du für die Herstellung benötigst:

  Alohomora
  Schlüssel_einzeln
  Schlüssel_Flügelaußen
  Schlüssel_Flügelinnen

  Hinweis: Dateien »spiegeln«!

Wie oft kommt man nach Hause, legt seinen Schlüssel irgendwo ab und muss ihn später suchen? Leider hilft in unserer Muggelwelt da auch kein »Accio Schlüssel«. Nun hat diese Sucherei jedoch ein Ende. Heute werden wir gemeinsam ein Schlüsselbrett gestalten, das mit der magischen Aufschrift »Accio Keys!« verziert ist (echte Potterheads wissen, dass dies der Zauberspruch ist, um Dinge herbeizuholen!).
Ab sofort werden deine Schlüssel immer griffbereit sein. Lass uns den Plotter anschmeißen und die Kreativität nutzen, um ein praktisches und zugleich charmantes Schlüsselbrett zu erschaffen.

1. Lade die gewünschten Dateien herunter und sichere sie auf deinem Computer. Anschließend lädst du die Dateien in deine Software hoch. Wähle die passende Größe für deine Dateien entsprechend der Größe deines Holzbrettes aus. Achte darauf, dass die Motive für den Schlüssel passgenau sind. Die Datei »Schlüssel_Flügelaußen« und die Datei »Schlüssel_Flügelinnen« müssen größentechnisch zueinanderpassen. Sind die Flügel angepasst, kannst du auch die Datei »Schlüssel_einzeln« anpassen. Färbe die Dateien unterschiedlich ein, sodass du problemlos mit mehreren Matten arbeiten kannst, auf die unterschiedliche Folienfarben und Folienarten geklebt werden können.

   Die Dateien sind einzeln für dich von mir erstellt worden, sodass du, wie in meinem Beispiel, eine Glitzerfolie nutzen kannst.

   Möchtest du jedoch alles in einer Farbe haben, so kannst du, nachdem du die Größen angepasst hast, alle Dateien »verbinden« und hast eine Datei, die geplottet werden kann.

   Klicke, sobald du mit deiner Anordnung zufrieden bist, auf »Herstellen«.

2. Klebe nun deine Iron-on-Folie, mit der glänzenden Seite nach unten, auf die Schneidematte und rolle sie fest, sodass keine Lufteinschlüsse vorhanden sind. Lade die Matte in deinen Plotter und folge den weiteren Anweisungen deiner Software. Denk daran, dass du die Dateien »spiegeln« musst, da du mit Iron-on-Folien arbeitest.

   Wähle die passenden Einstellungen aus und lass deinen Plotter für dich zaubern … ähm … schneiden.

Materialeinstellungen
Iron-on = Everyday Iron-on

Hinweis: Die Materialeinstellungen können je nach Material abweichen. Mache hierfür in einer Ecke des jeweiligen Materials einen kleinen Testschnitt.

3. Dein Plotter ist mit dem Schneiden der Datei fertig? Entnimm die Matte und entgittere deine Motive.

4. Sorge dafür, dass dein Holzbrett staub- und fettfrei ist. Nimm nun deine Presse und heize sie vor. Achte hierbei auf die Herstellerangaben deiner zu verarbeitenden Folie. Lege das Motiv auf das Holzbrett. Presse, sobald die Presse startbereit ist, dein Motiv auf das Holz.

   Ziehe die Transferfolie ab. Achte auch hier wieder auf die Herstellerangaben der Folien. Manche Folien kannst du heiß und manche nur kalt abziehen.

   Da du in verschiedenen Ebenen nach und nach deine Motive auf das Holz presst, lege immer ein Backpapier auf die schon gepresste Folie. Falls du dies nicht tust und aus Versehen mit deiner Presse die Folie berührst, zerstörst du dein bisherig angebrachtes Motiv. Ich empfehle dir, die Folien in folgender Reihenfolge anzubringen: Alohomora, Schlüssel_einzeln, Schlüssel_Flügelinnen, Schlüssel_Flügelaußen.

5. Nun bringst du die Haken an das Holz an und fertig ist dein Schlüsselbrett.

   Jetzt kannst du es in deinen Flur hängen. Es ist dort eine praktische Bereicherung, fast so, als würde der Zauberspruch »Accio Keys!« tatsächlich funktionieren.

Magischer Tipp
Falls du ein Holzbrett mit glatter Oberfläche besitzt, kannst du hier auch mit der Vinylfolie arbeiten. Sobald das Holz jedoch etwas mehr Struktur hat bzw. unbehandelt ist, solltest du mit Iron-on-Folie arbeiten und diese anschließend auf das Holz pressen.

Die Schlüsselanhänger auf dem Foto kannst du ebenfalls nachbasteln. Du findest die Anleitung dazu im Kapitel »Schlüsselanhänger aus Leder« auf Seite 135.

DER MEISTER DER ZAUBERTRÄNKE
COURAGE
LOYALTY
BRAVERY

Lesezeichen aus Holz

In diesem aufregenden Bastelprojekt werden wir gemeinsam Lesezeichen aus Holz, Vinyl- und Bügelfolie gestalten, die die Seiten deiner Lieblingsbücher mit einem Hauch von Hogwarts schmücken werden. Diese magischen Lesezeichen sind nicht nur praktisch, sondern auch ein Blickfang für jeden Buchliebhaber und Potterhead. Begibt dich mit mir auf eine Reise durch die Schritte der Bastelanleitung und lass uns gemeinsam die Welt von Harry, Hermine und Ron zum Leben erwecken. Egal ob du ein Geschenk für einen Harry-Potter-Fan suchst oder deine eigenen Lesestunden verschönern möchtest – diese Lesezeichen werden dir Freude bereiten. Bist du bereit, deine Bastelstäbe zu schwingen und die Magie der Bücher zu feiern? Dann lass uns gemeinsam in die Welt der Kreativität und Literatur eintauchen.

Werkzeuge

- ✓ Schere
- ✓ Schneidematte (LightGrip und StrongGrip)
- ✓ Maßband
- ✓ Entgitterwerkzeug
- ✓ Feinschnittklinge
- ✓ Tiefschnittklinge
- ✓ Presse/Bügeleisen + Unterlage
- ✓ Rakel

Material

- ✓ Iron-on-Folie (in der Farbe deiner Wahl)
- ✓ Vinylfolie (in der Farbe deiner Wahl)
- ✓ Furnierholz (ca. 0,7 mm dick)
- ✓ Transferfolie

Vorlage

- ✓ Ordner »Lesezeichen Holz« (anschließend die Datei, die du herstellen möchtest. Du hast die Wahl zwischen vier verschiedenen Motiven.)

Hinweis: Dateien »spiegeln«!

Das Schneiden von Holz mit einem Plotter für magische Bastelprojekte

Das Schneiden von Furnierholz mit dem Cricut Maker ist eine fortgeschrittene und faszinierende Methode für Bastler und Künstler, um feine Holzschnitte für verschiedene Projekte zu erstellen.

Da wir nun Lesezeichen aus Holz gestalten wollen, erlernst du NEU das Schneiden von Holz und wiederholst noch dazu das Plotten von Vinyl und Bügelfolie. Falls du diese Schritte noch nicht gemacht hast, so empfehle ich dir, dass du dir die Anleitungen zu diesen Themen ansiehst.

Hier ist nun eine Schritt-für-Schritt-Anleitung, wie du Furnierholz mit einem Plotter schneidest:

Schritt 1: Materialvorbereitung

HOLZ

Wähle das Furnierholz aus, das du für dein Projekt verwenden möchtest. Furnierholz ist leicht und einfach zu schneiden, was es ideal für viele Bastelprojekte macht. Stelle sicher, dass dein Holz flach und sauber ist. Wenn das Holz zu gewellt ist, kann der Plotter es nicht richtig schneiden.

Klebe das Holz, mit der Faserrichtung längs, auf die »StrongGrip-Matte« (violett) und befestige es sicherheitshalber noch zusätzlich mit einem Klebeband auf allen vier Seiten.

VINYL

Dein Lesezeichen wird je nach Motiv in einer anderen Farbe erstellt.

In dieser Schritt-für-Schritt-Anleitung wird dir alles anhand eines Ravenclaw-Lesezeichens erklärt. Klebe daher einen blauen Farbstreifen aus Vinyl auf eine »LightGrip-Matte« (blau).

Achte darauf, dass dein Farbstreifen nicht kleiner als 15 × 7 cm ist.

Natürlich kannst du aber auch einen kompletten DIN-A4-Bogen nutzen.

BÜGELFOLIE

Die Schrift auf deinem Lesezeichen wird aus einer schwarzen Bügelfolie erstellt. Bereite dir daher schon mal eine schwarze Bügelfolie vor. Falls du noch eine zweite »LightGripp-Matte« (blau) haben solltest, so kannst du die Folie auch schon auf dieser Matte anbringen. Denk daran: Die glänzende Seite der Folie muss auf der Matte nach unten zeigen.

Schritt 2: Design erstellen

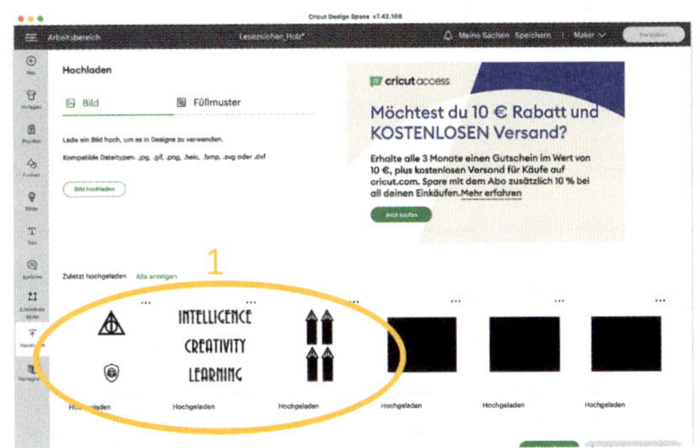

Damit du die Lesezeichen herstellen kannst, lädst du dir den Ordner »Lesezeichen Holz« herunter. Wie dies funktioniert, wird dir auf Seite 15 erklärt.

In diesem Ordner findest du alle Dateien (in unterschiedlichen Formaten), die du für dein Projekt benötigst. Du kannst entweder vier Lesezeichen auf einmal plotten oder wählst dein Hogwarts-Haus aus.

Für unser Projekt nutzen wir nun die Dateien aus dem Ordner »4 Lesezeichen gleichzeitig plotten« und »Lesezeichen_Holz_Ravenclaw«.

Anschließend lädst du die folgenden Dateien in deiner Software hoch (1):

»Lesezeichen Holz - Träger.svg« (Ordner »4 Lesezeichen gleichzeitig plotten«)

»Lesezeichen_Holz_R_Schrift.svg« (Ordner »Lesezeichen_Holz_Ravenclaw«)

»Lesezeichen_Holz_R_Farbig.svg« (Ordner »Lesezeichen_Holz_Ravenclaw«)

Falls du den Schritt des Uploads noch nicht gemacht hast, so schaue in der Schritt-für-Schritt-Anleitung des Projektes »Die Platzkarte - Schnatz« (Seite 17) noch mal nach. Hier wird der Upload für dich in Schrift und Bild erklärt.

Sobald du deine Dateien hochgeladen hast, fügst du sie zu deiner Arbeitsfläche hinzu. Speichere deine Datei am besten einmal ab, so kannst du jederzeit wieder darauf zugreifen.

Fortgeschrittene P(l)otterheads könnten nun auch alle vier Lesezeichen auf einmal plotten, wenn sie die passenden Dateien hochladen. Da wir aber nun zum ersten Mal mit Holz arbeiten, konzentrieren wir uns zunächst nur auf ein Motiv. Wie oben schon erwähnt, wählen wir dazu das Lesezeichen »Ravenclaw«.

Es müssen nun also ein paar Schritte in der Software gemacht werden, bevor wir den Plotter zaubern lassen.

Klicke dazu die »Träger-Datei« (1) an. Anschließend klickst du rechts in der Ebenenleiste die einzelnen »Träger« (2) an und löschst sie mit der Löschtaste. Es soll am Ende nur noch ein Träger vorhanden sein.

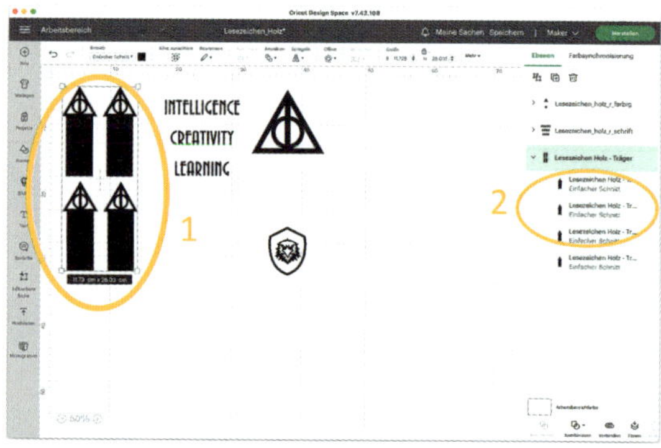

Bei der »Schrift-Datei« und der »Farbig-Datei« musst du nur die einzelnen Dateien »verbinden«. Markiere dazu einmal die »Schrift-Datei« und klicke anschließend unten rechts auf »Verbinden«. Den gleichen Schritt machst du mit der »Farbig-Datei«. Hast du dies gemacht, so siehst du in der Ebenenleiste rechts jeweils über den Dateien das Zeichen von »Verbinden«.

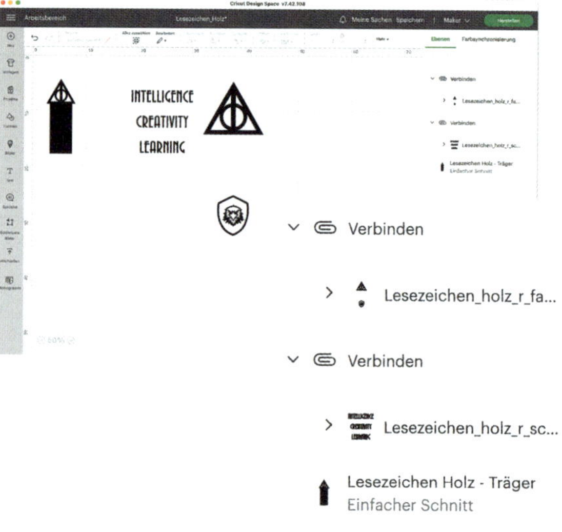

Nun färbst du die »Träger-Datei« gelb und die »Farbig-Datei« blau. Klicke dazu die jeweilige Datei (1) an und wähle in der Bearbeitungsleiste oben (2) die Farbe aus. Passe nun deine drei Dateien größentechnisch aneinander an. Fange mit der »Träger-Datei« an. Mein Lesezeichen hat die Höhe von 13,16 cm. Wenn du die Dateien aufeinanderlegst, kannst du die Größen besser anpassen.

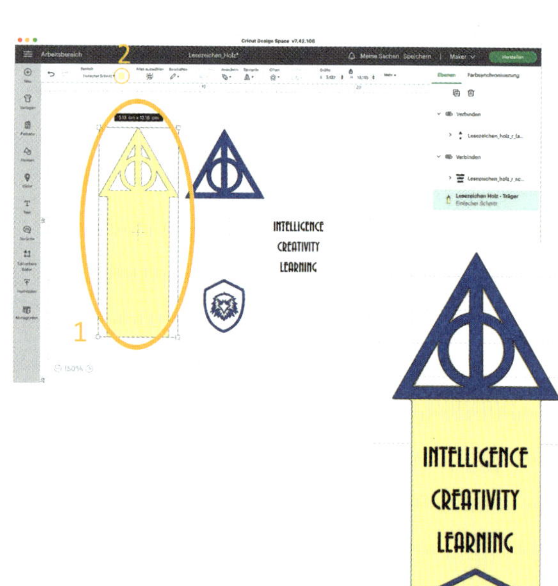

Schritt 3: Übertragung auf den Plotter

Sobald dein Design bereit ist, überträgst du es an den Plotter. Dies kann über verschiedene Methoden erfolgen, wie zum Beispiel USB, Bluetooth oder WLAN, je nach den Möglichkeiten deines Plotters.

Klicke dazu auf »Herstellen« (oben rechts).

Im weiterführenden Fenster wählst du die Schneidematte sowie ihre Größe aus und klickst auf »Bestätigen« (unten rechts).

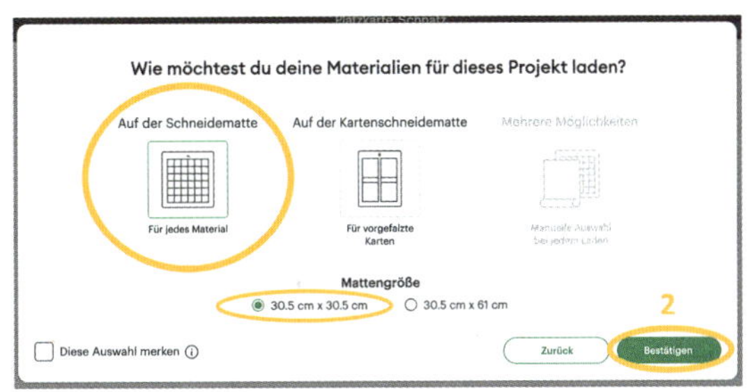

Nachdem du drei Motive unterschiedlich eingefärbt hast, zeigt dir die Software nun, dass auf drei Matten (1) geschnitten wird. Achte darauf, dass du bei der Matte mit der Schrift »Spiegeln« (2) anklickst. Die anderen Matten kannst du so lassen, wie sie sind. Platziere deine Motive auf den virtuellen Matten, ganz so, wie du es gern möchtest, und klicke auf »Fortfahren« (3).

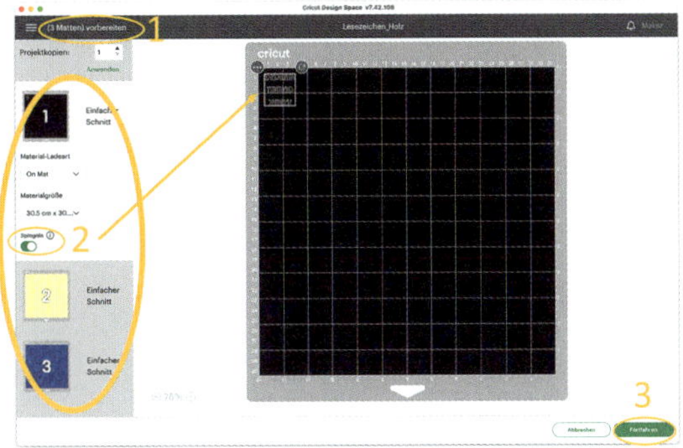

Schritt 4: Einstellungen anpassen

Bevor das Schneiden beginnt, musst du die Einstellungen deines Plotters anpassen. Dies umfasst beim Cricut Maker die Wahl des richtigen Materials. Sobald dieses eingestellt ist, weiß der Plotter automatisch, welche Schnitttiefe und weiteren Parameter er nutzen muss, da diese hinterlegt sind. Dies stellt sicher, dass deine Schnitte genau und sauber sind. Bei Plottern von anderen Firmen kann es sein, dass du selbst die richtige Schnitttiefe, Schnittgeschwindigkeit und andere Parameter einstellen musst.

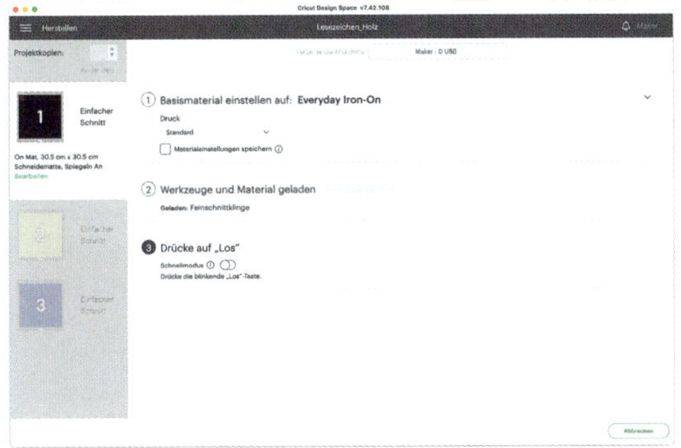

Da du mit drei unterschiedlichen Materialien arbeitest, musst du bei jeder Matte eine neue Einstellung vornehmen. Stelle die Matten wie folgt (drei Abbildungen) ein:

Achte auch darauf, welches Werkzeug du in deine Klemme B einsetzen musst. Bei der Trägermatte (auf der das Holz klebt) wirst du aufgefordert, die Tiefschnittklinge = schwarz (Deep-Point-Klinge) einzusetzen.

Folge den Anweisungen deiner Software und lade die Matte, indem du auf deinem Plotter auf den Knopf mit dem Pfeil drückst.

Schrift-Matte

Everyday Iron-on + Feinschnittklinge

Träger-Matte

Natural Wood Veneer + Tiefschnittklinge (schwarz)

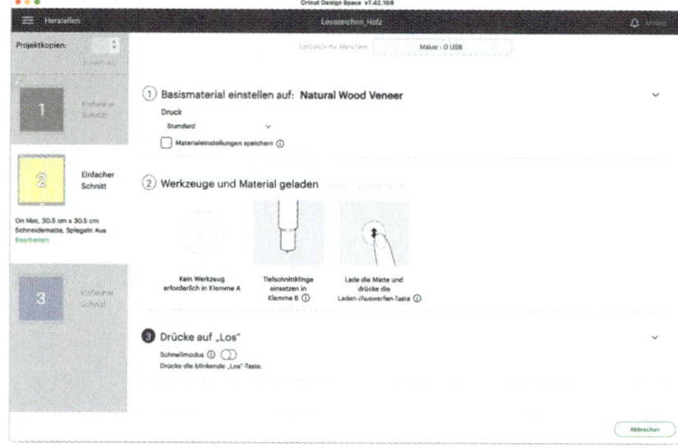

Farbig-Matte

Vinyl + Feinschnittklinge

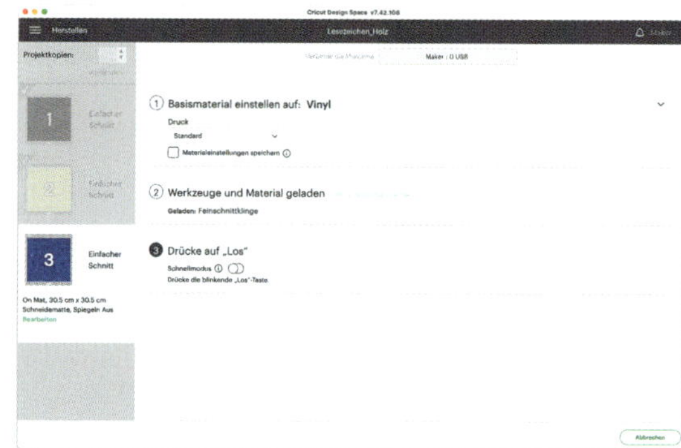

Schritt 5: Schneiden

Jetzt klickst du auf den blinkenden Knopf mit dem »Cricut-Zeichen«. Nun ist es an der Zeit, dass der Plotter seine Magie wirken lässt. Der Schneidekopf des Plotters bewegt sich präzise über die verschiedenen Materialien und folgt den von dir festgelegten Konturen. Er schneidet das Balsaholz, das Vinyl und die Bügelfolie genau so, wie du es entworfen hast.

Schritt 6: Entfernen des geschnittenen Holzes

Nachdem der Schneidevorgang abgeschlossen ist, entfernst du vorsichtig das geschnittene Holz sowie die beiden anderen Materialien von der Schneidematte. Beachte, dass Furnierholz empfindlich sein kann, also sei besonders behutsam. Anschließend kannst du mit dem Entgittern an deinem Vinyl und der Bügelfolie beginnen.

Schritt 7: Fertigstellung

Nun musst du noch die drei Motive miteinander verbinden. Beginne mit der Vinylfolie und dem Holz.

Übertrage mithilfe einer Transferfolie das farbige Vinyl auf dein Holz. Dazu ziehst du die Schutzfolie der Transferfolie ab und klebst diese vorsichtig auf dein Vinyl. Anschließend streichst du mit der Rakel noch mal fest über dein Motiv, sodass die Transferfolie auch gut an dem Schriftzug haftet.

Nun ziehst du langsam die Transferfolie von dem Träger der Vinylfolie ab. Du hast jetzt auf deine Transferfolie dein Motiv geklebt. Anschließend klebst du deine Transferfolie auf den Träger (Holz) und streichst noch mal mit der Rakel über das Holz. Sei behutsam, das Holz ist sehr empfindlich und könnte schnell brechen.

Iron-on-Folie auf Holz übertragen

Lege die Folie mit dem Trägermaterial auf den Holzträger. Verwende eine Hitzepresse (oder ein Bügeleisen), um die Folie zu übertragen. Stelle sicher, dass du die Anweisungen für die Bügeleinstellungen und die Dauer gemäß den Angaben der Bügelfolie befolgst. Die Anweisungen findest du meist auf der Internetseite des Shops, bei dem du deine Folien kaufst.

Lege dir ein Backpapier bereit, mit dem du das restliche Lesezeichen abdecken kannst. Achte darauf, dass du nur über den Schriftzug (Iron-on-Folie) presst. Sobald du länger auf der Vinylfolie bist, zerstörst du das Vinyl. Je nach Bügelfolie kannst du die Trägerfolie warm oder kalt abziehen. Auch diese Anweisung steht beim Kauf deiner Folie mit dabei. Sobald es abgekühlt ist, ist dein Design dauerhaft auf dem Träger (Holz) verankert.

Geschafft! Fertig ist dein persönliches Lesezeichen.

PREMIUM
UNICORN
BLOOD
1865
FELIX FELICIS
LIQUID LUCK
Amortentia
KNOWN TO WIZARD-KIND
SKELE
GRO
MERMAID
TEARS
3 drops only
mixable with any drink

Zaubertranketiketten

Werkzeuge
- ✓ Schneidematte (LightGrip)
- ✓ Feinschnittklinge
- ✓ Drucker
- ✓ Maßband

Material
- ✓ Etikettenpapier (wir nutzen in unserem Beispiel das Universal-Etikettenpapier der Firma Avery Zweckform: Nummer 6119)
- ✓ Flaschen in den Größen deiner Wahl

Vorlage
- ✓ Ordner »Zaubertränke« (wähle anschließend deine gewünschten Etiketten aus. Du kannst aus fünf verschiedenen Dateien wählen.)

In diesem aufregenden Plotterprojekt werden wir die Magie von Harry Potter nutzen, um mithilfe des Print-then-cut-Verfahrens und eines Plotters atemberaubende Etiketten für unsere Zaubertrankflaschen zu erstellen. Du bist eingeladen, mich auf dieser verzauberten Bastelreise zu begleiten, während wir Schritt für Schritt durchgehen, wie du magische Etiketten mit den Bildern und Symbolen aus der Welt von Harry Potter gestalten kannst. Egal, ob du eine Party vorbereitest, auf der du leckere Getränke aus deinen Zaubertrankflaschen anbieten möchtest, oder einfach deine Sammlung von Zaubertränken verschönern möchtest – diese Etiketten werden jedem Zauberer und Hexenmeister ein Lächeln auf die Lippen zaubern. Severus Snape wäre sicher stolz auf dich, wenn er deine fertige Sammlung anschließend bestaunen könnte.

Das Print-then-cut-Verfahren mit einem Plotter für magische Bastelprojekte

Das Print-then-cut-Verfahren ist eine zauberhafte Möglichkeit, hochwertige gedruckte Designs mit deinem Cricut Maker zu erstellen. Denke daran, die Anweisungen des Herstellers und die spezifischen Einstellungen für dein Material zu beachten, um die besten Ergebnisse zu erzielen. Hinweis: Die Dateien, welche du mit diesem Buch erhältst, kannst du nur in einem Plotter der Firma Cricut verwenden.

Hier ist nun eine Schritt-für-Schritt-Anleitung, wie du das Print-then-cut-Verfahren mit einem Plotter anwendest:

Schritt 1: Materialvorbereitung

Bereite das Material vor, auf das du drucken möchtest. Dies kann Aufkleberpapier, Aufbügelfolie, Etikettenpapier oder ein anderes mit deinem Drucker kompatibles Material sein. Wir nutzen für dieses Projekt ein Universal-Etikettenpapier der Firma Avery Zweckform (Nummer 6119). Wobei hier gesagt sei, dass auch mit herkömmlichen Stickerpapieren dieses Projekt umgesetzt werden kann. Das Papier legst du in deinen Drucker, sodass du das Projekt, welches du nun gleich erstellst, auf dieses Papier drucken kannst. Achte darauf, dass dein Drucker auf die richtige Seite des Papiers druckt. Vielleicht machst du vorher noch einen Probedruck, sodass du weißt, mit welcher Seite dein Drucker das Papier einzieht.

Lege dir anschließend schon mal die LightGrip-Matte (hellblau) bereit.

Schritt 2: Design erstellen

Starte deine Software und importiere nun deine Etiketten. Damit du die Etiketten herstellen kannst, lädst du dir den Ordner »Zaubertränke« herunter. Wie dies funktioniert, wird dir auf Seite 15 erklärt. In diesem Ordner findest du alle Dateien, die du für dein Projekt benötigst. Du kannst hier zwischen fünf verschiedenen Druckbögen wählen.

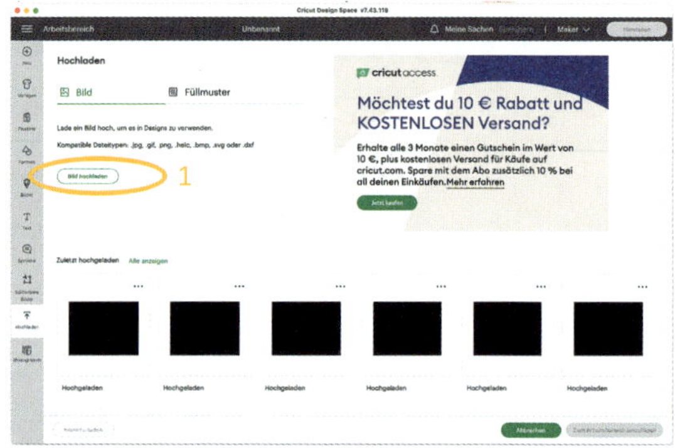

Für unser Projekt nutzen wir nun den ersten Druckbogen »Zaubertränke_Etiketten1.png«. Du lädst nun die Datei »Zaubertränke_Etiketten1.png« in deiner Software hoch.

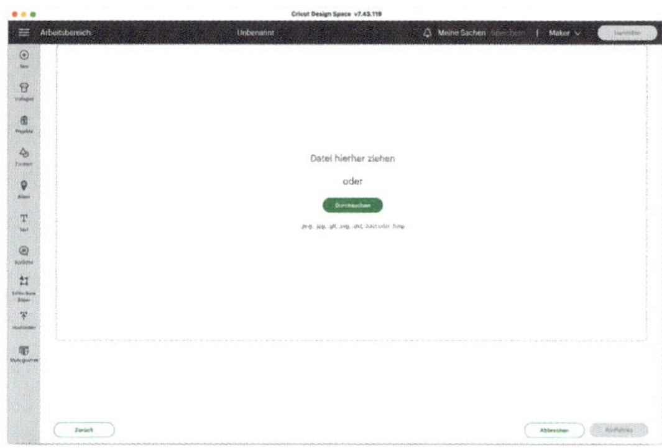

Klicke dazu auf deinem Arbeitsbereich auf »Hochladen«. Anschließend klickst du auf »Bild hochladen« (1). Nun wählst du »Durchsuchen« (Abbildung 2) an und wählst die Datei: »Zaubertränke_Etiketten1.png« aus.

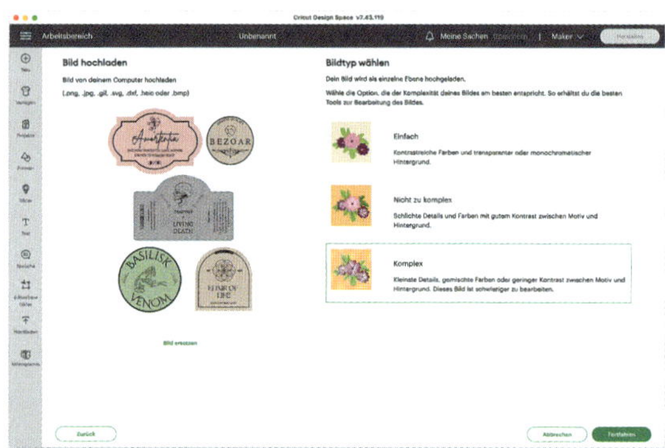

Im nächsten Fenster wirst du nach deinem Bildtyp gefragt. Wähle hier »Komplex« (1) aus. Klicke anschließend auf »Fortfahren« (2).

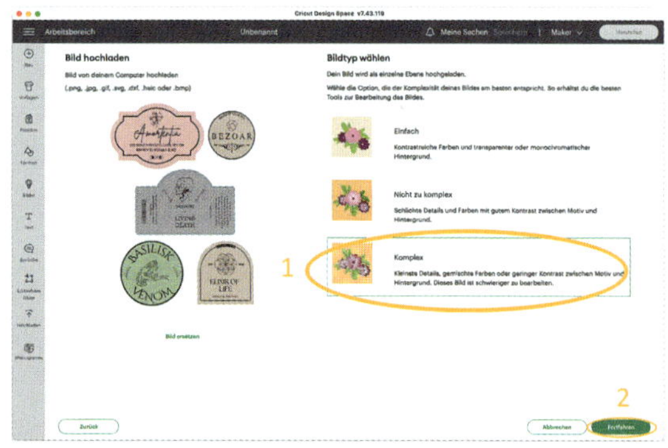

Im nächsten Fenster kannst du auf »Anwenden und fortfahren« klicken und gelangst dann zur Uploadtyp-Auswahl. Wähle hier nun »Drucken dann Schneiden«-Bild aus. Du kannst deinem Bild hier auch eine Bildbezeichnung geben und es einer von dir angefertigten Kollektion (wie eine Art Ordner) zuweisen. Klicke anschließend auf »Hochladen«.

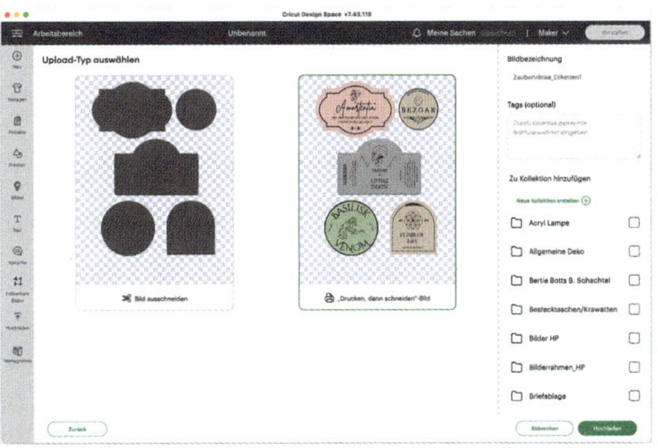

Füge nun deinen Druckbogen der Arbeitsfläche hinzu. Speichere deine Datei ab, so kannst du jederzeit wieder darauf zugreifen. Du siehst nun, dass die Einstellung »Drucken dann Schneiden« (1) hinterlegt ist. Passe die Größe der Datei an. (2) Miss hier die zu beklebende Fläche deiner Gefäße aus und richte dich nach diesen Maßen. Klicke anschließend auf »Herstellen« (3), um dein Design an einen kompatiblen Drucker zu senden.

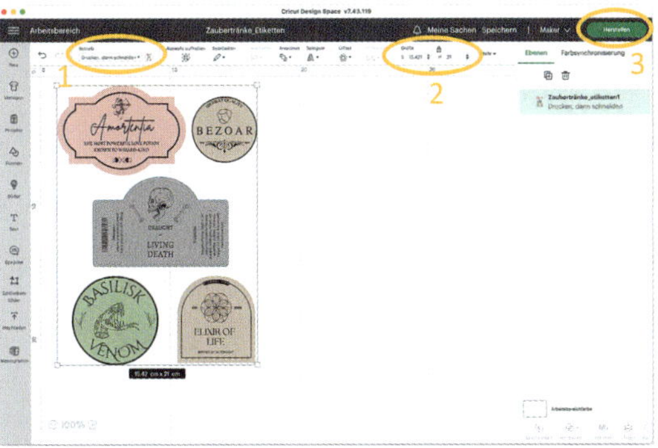

Schritt 3: Drucke dein Design!

Stelle sicher, dass der Drucker korrekt konfiguriert ist und du das richtige Material (an deinem Drucker) ausgewählt hast. Platziere deine Etiketten auf dem virtuellen Papier und klicke anschließend auf »Fortfahren«.

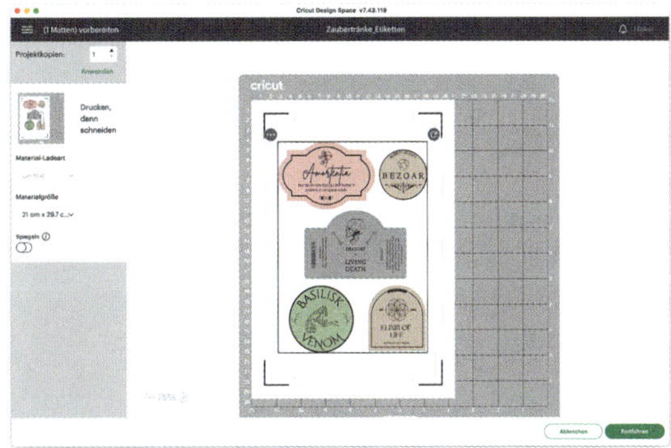

Nun klickst du im nächsten Fenster auf den grünen Button mit der Aufschrift »An Drucker senden« und gelangst dann zu einem Fenster mit der Überschrift »Druckeinstellungen«. Hier wählst du deinen Drucker aus und stellst sicher, dass der Schieberegler bei »Anschnitt hinzufügen« eingeschaltet ist. Klicke nun auf »Drucken«.

Dein Drucker druckt dir nun deinen Bogen mit den Etiketten auf das Universal-Etikettenpapier.

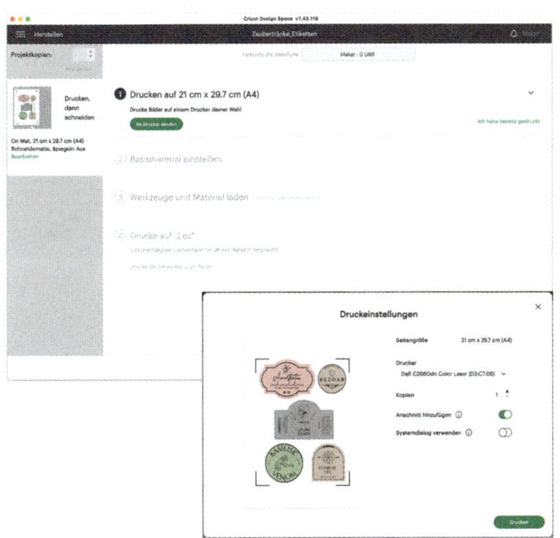

Schritt 4: Material auf die Schneidematte kleben

Befestige dein gedrucktes Material auf einer LightGrip-Matte (hellblau). Achte darauf, dass es glatt und gleichmäßig auf der Matte klebt.

Schritt 5: Einstellungen anpassen

Wähle in der Software das Material aus, auf das du schneiden möchtest. Diese Einstellungen werden basierend auf dem Material und deinem Plotter angepasst. Wähle dazu »Printable Sticker Paper, White (Gray Liner Printing)« aus.

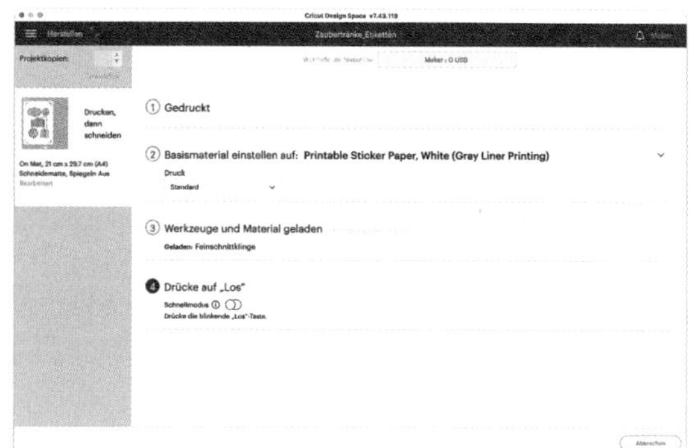

Stelle sicher, dass du die Feinschnittklinge in der Klemme B eingesetzt hast, und lade deine Matte in deinen Plotter.

Schritt 6: Schneiden starten

Jetzt klickst du auf den blinkenden Knopf mit dem »Cricut-Zeichen«, um den Schneideprozess zu starten. Nun ist es an der Zeit, dass der Plotter seine Magie wirken lässt. Der Schneidekopf des Plotters bewegt sich präzise über das Papier und folgt den von dir festgelegten Konturen deiner Etiketten.

Schritt 7: Fertigstellung

Nachdem der Schneidevorgang abgeschlossen ist, entferne das ausgeschnittene Design vorsichtig von der Schneidematte. Du kannst nun deine Klebeetiketten auf den Flaschen deiner Wahl anbringen.

Magischer Tipp

Falls du keine abwischbaren Etiketten hast, so empfehle ich dir, die Etiketten erst nach Befüllen deiner Flaschen aufzukleben. Möchtest du etwas Eingekochtes abfüllen, so warte noch, bis die Flaschen abgekühlt sind, und beklebe diese erst anschließend.

PREMIUM
SKELE
GRO
BASILISK
VENOM
BEZOAR

6
21
3
10
2
4
9
19
17
13
8

Adventskalender

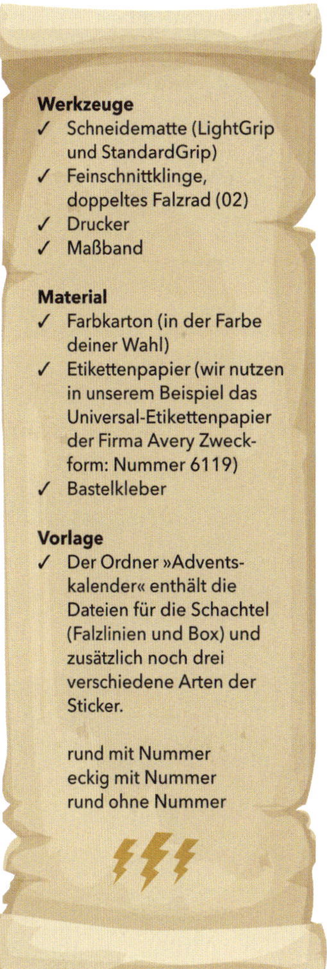

Werkzeuge
- ✓ Schneidematte (LightGrip und StandardGrip)
- ✓ Feinschnittklinge, doppeltes Falzrad (02)
- ✓ Drucker
- ✓ Maßband

Material
- ✓ Farbkarton (in der Farbe deiner Wahl)
- ✓ Etikettenpapier (wir nutzen in unserem Beispiel das Universal-Etikettenpapier der Firma Avery Zweckform: Nummer 6119)
- ✓ Bastelkleber

Vorlage
- ✓ Der Ordner »Adventskalender« enthält die Dateien für die Schachtel (Falzlinien und Box) und zusätzlich noch drei verschiedene Arten der Sticker.

rund mit Nummer
eckig mit Nummer
rund ohne Nummer

In diesem Kapitel entführt dich die Magie von Hogwarts in die festliche Vorweihnachtszeit. Unser kreatives Abenteuer dreht sich um die Kunst des Plottens und zauberhafte Weihnachtsfreuden. Tauche ein in die fantastische Welt von Harry Potter, indem du dir deinen einzigartigen Adventskalender im Harry-Potter-Style gestaltest. Ob du ein treuer Gryffindor, ein schlauer Ravenclaw, ein listiger Slytherin oder ein loyaler Hufflepuff bist, hier findest du Bastelideen und Inspirationen, um einen magischen Adventskalender zu kreieren, der die Herzen von Potterheads jeden Alters höherschlagen lässt.

1. Lade die Dateien herunter und sichere sie auf deinem Computer. Anschließend wählst du den Upload in deiner Software aus und lädst alle benötigten Dateien in deine Software hoch. Achte darauf, dass du bei den Stickern die Option »Drucken dann Schneiden« auswählst (siehe Abbildung). So weiß dein Plotter, dass diese Datei später gedruckt und anschließend geschnitten werden muss. Platziere deine Dateien auf der Arbeitsfläche.

   Passe die Größe der Boxdatei deinen Wünschen an. Anschließend musst du die Dateien der Sticker noch der Boxgröße anpassen. Dies kannst du überprüfen, indem du sie einmal übereinanderlegst. Klicke nun die Datei der Box an und wähle bei »Betrieb« die Option »Schneiden einfach«. Anschließend klickst du die Datei der Falzlinien an und wählst dabei »Falzen« aus.

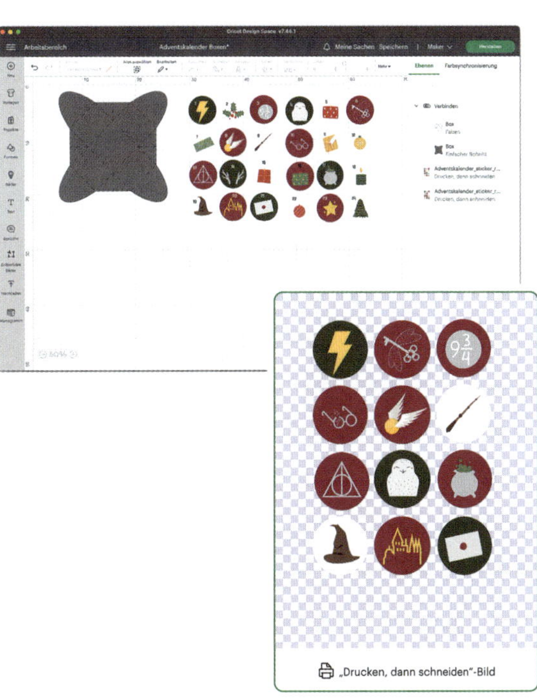

Klicke nun die Datei der Sticker an und kontrolliere, ob bei Betrieb »Drucken dann Schneiden« ausgewählt ist. Deine Box und die Falzlinien müssen nun noch verbunden werden. Markiere beide und klicke auf »Verbinden« unten rechts. Klicke anschließend auf »Herstellen«.

Print-then-cut-Verfahren = Sticker drucken und schneiden

1. Drucke nun dein Papier so, wie es deine Software dir beschreibt, aus. Lege dazu das Etikettenpapier in deinen Drucker und starte den Druckauftrag. Falls du nicht mehr weißt, wie dies geht, so schaue dir das Kapitel »Zaubertranketiketten« noch mal an. Dort werden die Schritte zum Print-then-cut-Verfahren Schritt für Schritt erklärt.

   Klebe nach dem Drucken nun dein Papier auf die LightGrip-Schneidematte und rolle es fest, sodass keine Lufteinschlüsse vorhanden sind. Lade die Matte in deinen Plotter und folge den weiteren Anweisungen deiner Software.

   Wähle die passenden Einstellungen aus und lass deinen Plotter für dich zaubern … ähm … schneiden.

Karton schneiden und falzen = Box herstellen

2. Klebe deinen Karton auf die StandardGrip-Matte und rolle ihn fest, sodass keine Lufteinschlüsse vorhanden sind. Lade die Matte in deinen Plotter und folge den weiteren Anweisungen deiner Software. Wähle das zu deinem Papier passende Material aus. Anschließend wählst du das Werkzeug aus.

   Du benötigst nun zum Falzen das »doppelte Falzrad« mit der Nummer 02. Setze dieses in Klemme B ein. Anschließend lässt du deinen Plotter für dich falzen. Hat dein Plotter den Falzvorgang beendet, so wechselst du das Werkzeug in Klemme B auf deine Feinschnittklinge. Nun kannst du deinen Plotter noch schneiden bzw. zaubern lassen.

   Den Vorgang zur Boxherstellung musst du natürlich 24-mal machen, sodass du die passende Anzahl für einen Adventskalender hast.

3. Dein Plotter ist mit der Herstellung deiner Elemente fertig? Nimm die Matte aus dem Plotter und entferne alle Dateien von den Matten.

4. Falze nun all deine Boxen mit dem Finger nach. Klebe anschließend jede Box zusammen, lasse den Deckel jedoch noch geöffnet.

5. Nun kannst du den Adventskalender mit lauter großartigen Dingen befüllen. Das Schenken eines Adventskalenders ist eine liebevolle Geste, um die Vorfreude auf die Weihnachtszeit zu teilen und einem besonderen Menschen eine Freude zu bereiten.

   Wähle deine Überraschungen sorgfältig aus und klebe, nachdem du die Boxen bestückt hast, die Etiketten auf die Oberseite der Boxen. So sind die Boxen verschlossen und der Kalender kann verschenkt werden.

   Überreiche ihn mit einem Lächeln und schenke deinem Lieben/deiner Liebsten eine zauberhafte Vorweihnachtszeit im Harry-Potter-Style.

Magischer Tipp
Ich habe dir extra eine Stickerdatei erstellt, bei der keine Zahlen mit auf den Stickern aufgedruckt sind. So kannst du diese Datei nutzen, um Geschenkeboxen herzustellen. Diese kannst du dann das ganze Jahr über verschenken und bist nicht nur an Weihnachten gebunden.

MR. H. POTTER
Schrank unter der Treppe
Ligusterweg 4
Little Whinging
SURREY

Hogwartsbriefe

Werkzeuge
- ✓ Schneidematte (LightGrip, Cart Mat)
- ✓ Feinschnittklinge
- ✓ Drucker
- ✓ Maßband
- ✓ Stift (Grün von Cricut)

Material
- ✓ Etikettenpapier (wir nutzen in unserem Beispiel das Universal-Etikettenpapier der Firma Avery Zweckform: Nummer 6119)
- ✓ Briefkuverts in der Größe und Farbe deiner Wahl
- ✓ Nylonfaden

Vorlage
- ✓ Ordner »Hogwartsbriefe«, enthält eine Datei namens »Siegel_H.png«

In diesem Bastelprojekt werden wir mithilfe eines Plotters die berühmten fliegenden Briefumschläge aus der magischen Welt von Harry Potter zaubern. Begleite mich auf dieser kreativen Reise, während wir gemeinsam Schritt für Schritt lernen, wie wir die Briefumschläge gestalten können. Dieses DIY-Projekt wird nicht nur deine Bastelfähigkeiten herausfordern, sondern dir auch Freude an Abenteuern rund um Hogwarts bereiten. Du wirst hier das Verfahren von »Print, then cut« und »Schreiben mit dem Plotter« nochmals anwenden. Falls du dieses Verfahren noch nicht ausprobiert hast, so gehe zuerst zu diesen Kapiteln und versuche dich an diesen beiden Projekten. Neu in diesem Projekt wird das Arbeiten mit der Kartenmatte sein.

Die Arbeit mit der Kartenmatte – Verfahren mit einem Plotter für magische Bastelprojekte

Die Arbeit mit einer Kartenmatte macht wahnsinnig großen Spaß und ist sehr vielfältig. So kannst du zum Beispiel bis zu vier personalisierte Grußkarten gleichzeitig erstellen und deinen Plotter zauberhafte Kreationen erstellen lassen. Denke daran, die Anweisungen des Herstellers und die spezifischen Einstellungen für dein Material zu beachten, um die besten Ergebnisse zu erzielen. Viel Spaß beim Erstellen deiner Projekte! Hinweis: Dieses Bastelprojekt ist auf die Umsetzung mit dem Cricut Maker ausgelegt. Besitzt du einen anderen Plotter, so kannst du dieses Projekt als Inspiration nutzen.

Hier ist nun eine Schritt-für-Schritt-Anleitung, wie du die Kartenmatte von Cricut anwendest:

Schritt 1: Materialvorbereitung

Bereite das Material vor, welches du beschreiben möchtest. Dies können Kartenrohlinge oder Kuverts in verschiedenen Größen sein. Wir nutzen für dieses Projekt ein Kuvert mit der Größe 15,5 × 11 cm. Diese Maße werden später bei den Einstellungen noch eine Rolle spielen.

Des Weiteren benutzen wir für dieses Projekt das Universal-Etikettenpapier der Firma Avery Zweckform (Nummer 6119), wobei hier gesagt sei, dass auch mit herkömmlichen Stickerpapieren dieses Projekt umgesetzt werden kann.

Für die Schrift auf den Kuverts nutzen wir von Cricut die Fineliner mit der Stärke 0,4 mm in einem Grünton deiner Wahl.

Dein Papier legst du in den Drucker, sodass du die Hogwarts-Siegel, welche du nun gleich erstellst, auf dieses Papier drucken kannst. Achte darauf, dass dein Drucker auf die richtige Seite des Papiers druckt. Vielleicht machst du vorher noch einen Probedruck, sodass du weißt, mit welcher Seite dein Drucker das Papier einzieht.

Lege dir anschließend schon mal die LightGrip-Matte (hellblau) bereit.

Hinweis zur Kartenmatte: Die Kartenmatte von Cricut verfügt über vier Abschnitte, mit denen du Karten in fünf Größen gestalten kannst.

R10 - 8,9 cm x 12,4 cm
R20 - 10,8 cm x 14 cm
R30 - 11,4 cm x 15,9 cm
R40 - 12,1 cm x 16,8 cm
S40 - 12,1 cm x 12,1 cm

Schritt 2: Design erstellen

Starte deine Software und importiere nun das Siegel. Damit du die Etiketten herstellen kannst, lädst du dir den Ordner »Hogwartsbriefe« herunter. Wie dies funktioniert, wird dir auf Seite 15 erklärt. Für unser Projekt nutzen wir nun die Datei »Siegel_H.png«.

Diese Datei lädst du in deiner Software hoch. Klicke dazu auf deinem Arbeitsbereich auf »Hochladen«. Anschließend klickst du auf »Bild hochladen« (1).

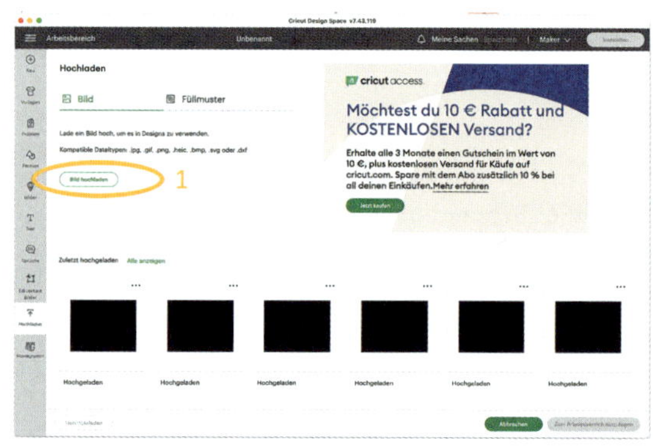

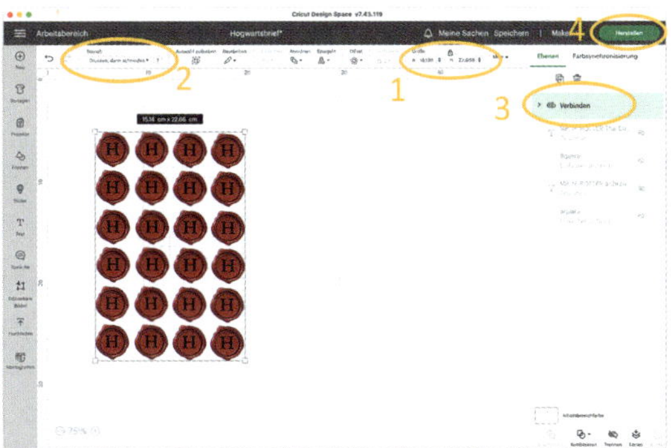

Die folgenden Schritte zum Upload einer »png.«-Datei für das Print-then-cut-Verfahren werden nun übersprungen. Falls du nicht weißt, wie die einzelnen Schritte hierzu sind, so gehe noch mal zum Projekt »Etiketten«. Hier wird dir dieses Verfahren Schritt für Schritt erklärt. Füge nun deine Datei der Arbeitsfläche hinzu und vervielfältige das Siegel. Passe es der Größe an, die du für deinen Briefumschlag benötigst (1). Speichere deine Datei ab, so kannst du jederzeit wieder darauf zugreifen.

Hast du die Schritte zuvor richtig ausgeführt, so siehst du nun, dass die Einstellung »Drucken dann Schneiden« (2) hinterlegt ist. Klicke anschließend auf »Verbinden« (3) und dann auf »Herstellen« (4), um dein Design an einen kompatiblen Drucker zu senden.

Schritt 3: Drucke dein Design!

Stelle sicher, dass der Drucker korrekt konfiguriert ist und dass du das richtige Material (an deinem Drucker) ausgewählt hast. Platziere deine Etiketten auf dem virtuellen Papier und führe alle Anweisungen deiner Software aus. Dein Drucker druckt dir nun deinen Bogen mit den Etiketten auf das Universal-Etikettenpapier.

Schritt 4: Material auf die Schneidematte kleben

Befestige dein gedrucktes Material auf einer LightGrip-Matte (hellblau). Achte darauf, dass es glatt und gleichmäßig auf der Matte klebt.

Schritt 5: Einstellungen anpassen

Wähle in der Software das Material aus, auf das du schneiden möchtest. Diese Einstellungen werden basierend auf dem Material und deinem Plotter angepasst. Wähle dazu »Printable Sticker Paper, White (Gray Liner Printing)« aus.

Stelle sicher, dass du die Feinschnittklinge in der Klemme B eingesetzt hast, und lade deine Matte in deinen Plotter.

Schritt 6: Schneiden starten

Jetzt klickst du auf den blinkenden Knopf mit dem »Cricut-Zeichen«, um den Schneideprozess zu starten. Nun ist es an der Zeit, dass der Plotter seine Magie wirken lässt. Der Schneidekopf des Plotters bewegt sich präzise über das

Papier, folgt den von dir festgelegten Konturen und schneidet wie von Zauberhand deine Siegel aus.

Schritt 7: Siegel sind fertig

Nachdem der Schneidevorgang abgeschlossen ist, entferne das ausgeschnittene Design vorsichtig von der Schneidematte. Deine Siegel sind nun fertig und warten auf ihren Einsatz an den Kuverts.

Schritt 8: Kuverts virtuell beschriften

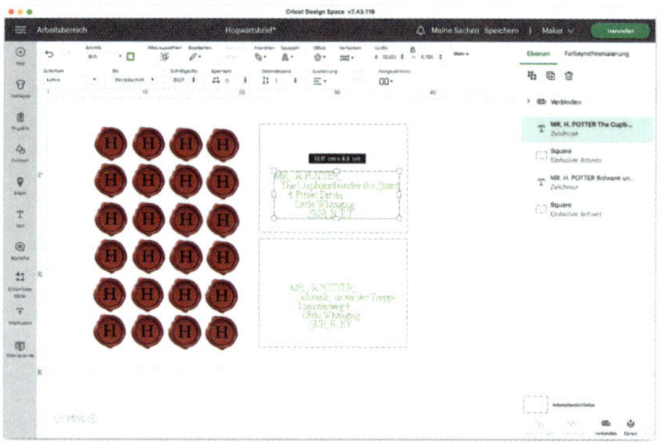

Nun kommt der zweite Teil deines Projektes dran. Nachdem du die Siegel für die Kuverts schon erstellt hast, benötigst du noch die Beschriftung der Kuverts. Wähle dazu bei »Formen« ein Quadrat aus und passe es der Größe deines Kuverts an. In unserem Beispiel hier sind das 15,5 cm x 11 cm (siehe Abbildung).

Nun fügst du über das Textsymbol in der linken Leiste ein Textfeld ein und trägst die Anschrift, welche auf den Kuverts stehen soll, in das Textfeld ein.

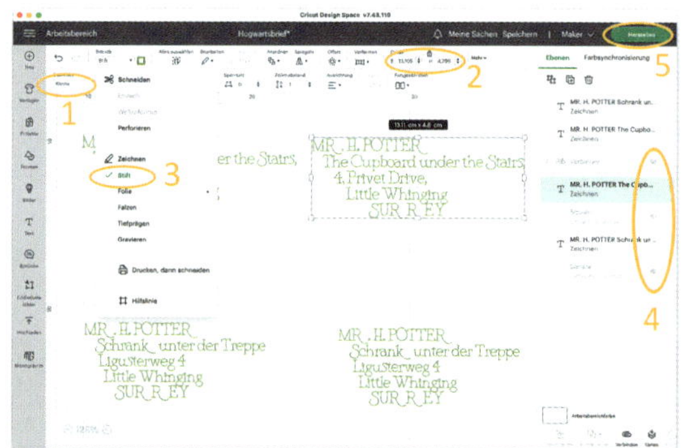

Du kannst die Anschrift, wie im Original, auf Englisch oder auf Deutsch eintragen. In unserem Beispiel nutze ich beide Sprachen. Falls du jedoch deine eigene Anschrift (oder die eines Freundes) eintragen möchtest, so kannst du dies selbstverständlich auch machen. Wähle eine Schriftart aus, in unserem Beispiel nutzen wir die Schriftart »Karma« (1), da sie eine »Singleline«-Schriftart ist. Falls du hierzu mehr erfahren möchtest, so sieh dir das Kapitel »Karte - Voldemort« noch mal an, dort wird es dir erklärt.

Passe anschließend die Größe des Textfeldes an dein Rechteck an (2).

Wähle nun die Schrift an und klicke bei »Betrieb« auf »Stift« (3). Du kannst hier auch die Stiftfarbe einstellen, wobei dies nicht zwingend notwendig ist, da du nur mit einer Stiftfarbe arbeiten wirst.

Nachdem du auf der Kartenmatte vier Kuverts gleichzeitig beschriften kannst, fügst du nun die gewünschte Anschrift so oft ein, dass du sie viermal auf deinem Arbeitsbereich siehst.

Bist du mit deiner Anordnung zufrieden, so blende die Siegel sowie die Rechtecke wieder aus, indem du auf der Ebenenleiste auf der jeweiligen Ebene auf das »Auge« klickst (4).

Klicke anschließend auf »Herstellen« (5).

Schritt 9: Material auf Kartenmatte kleben

Lege nun deine Kuverts in die Kartenmatte ein. Du kannst hier einen Teil der Kuverts unter die Klebeflächen der Kartenmatte schieben. Der andere Teil, der beschriftet werden soll, klebt nun auf der Kartenmatte. Richte deine Kuverts oben an der Kante aus.

Schritt 10: Einstellungen anpassen

Wähle nun in der Software die »Kartenmatte« (1) an und klicke anschließend auf »Bestätigen« (2).

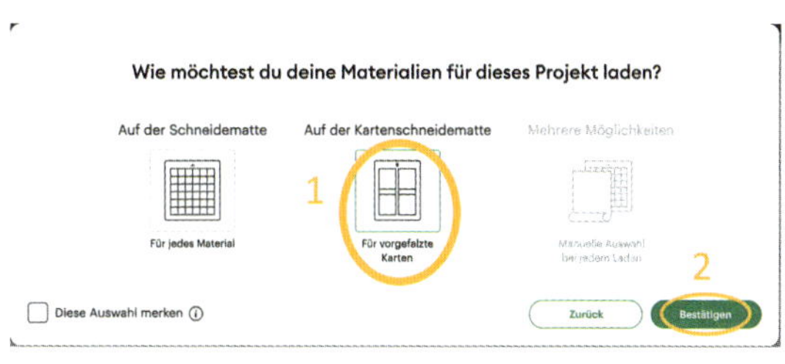

Nun erscheint in der Software eine virtuelle Kartenmatte.

Wähle auf der linken Seite deine Materialgröße aus. Besitzen deine Kuverts nicht exakt die Maße wie angegeben, so wählst du die nächste Größe aus.

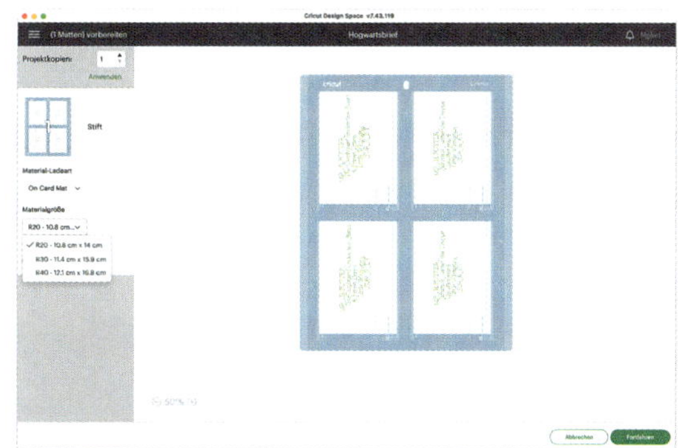

Richte anschließend deine Adressfelder auf der virtuellen Matte aus. Vergleiche im Anschluss deine virtuelle Matte mit der realen Matte. Bist du so weit mit der Anordnung zufrieden, so klickst du auf »Fortfahren« unten rechts.

Wähle in der Software in Schritt 1 das Material aus, auf das du schreiben möchtest. Diese Einstellungen werden basierend auf dem Material und deinem Plotter angepasst.

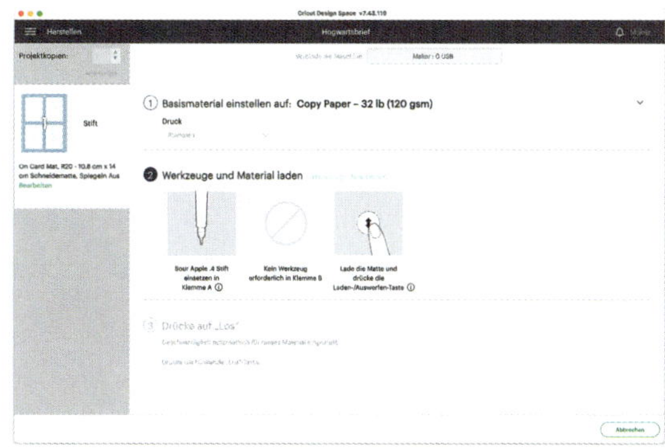

Meine Kuverts wiegen 120 g, daher wähle ich in unserem Beispiel »Copy Paper - 32 lb (120gsm)« aus.

Stelle sicher, dass du den passenden Stift (grün) in der Klemme A eingesetzt hast, und lade deine Matte in deinen Plotter.

Schritt 11: Schreiben starten

Jetzt klickst du auf den blinkenden Knopf mit dem »Cricut-Zeichen«. Nun ist es an der Zeit, dass der Plotter seine Magie wirken lässt. Der Stift bewegt sich präzise über das Papier und folgt den von dir festgelegten Konturen.

Der Plotter beschriftet deine Kuverts genau so, wie du sie entworfen hast.

Schritt 12: Fertigstellen

Sobald der Plotter das Arbeiten abgeschlossen hat, kannst du die Matte auswerfen und das Material vorsichtig von der Kartenmatte entfernen.

Hinweis: Sobald du mit der Arbeit mit einem Stift fertig bist, solltest du deinen Stift wieder aus der Klemme herausnehmen. Wenn du ihn zu lange in der Klemme lässt und gar vergisst, kann es sein, dass der Stift eintrocknet.

Nun kannst du die Siegel auf deine Umschläge kleben.

Hänge die Briefe an einem Nylonfaden auf und lasse sie von der Decke baumeln. Dies erweckt den Eindruck, als würden die Briefe bei dir durchs Zimmer fliegen, ganz so, wie es damals bei Harry Potter der Fall war.

Schritt 13: Genieße dein Kunstwerk!

Du hast dein erstes Projekt mit der Kartenmatte und deinem Plotter gezaubert!

Natürlich kannst du nun noch weitere Projekte umsetzen. Lass deiner Fantasie freien Lauf.

Denke daran, dass dies eine grundlegende Schritt-für-Schritt-Anleitung ist und die spezifischen Schritte je nach Projekt variieren können. Es ist wichtig, die Anweisungen des Herstellers zu beachten und mit den Funktionen deines Plotters, in unserem Fall des Cricut Makers, vertraut zu sein, um die besten Ergebnisse zu erzielen.

Viel Spaß bei all deinen weiteren Projekten.

Magischer Tipp

Nicht nur das Verfahren »Schreiben/Zeichnen« ist mit der Kartenmatte möglich. Nutze doch auch mal die Chance und schneide schöne Motive aus Karten aus. Anschließend kannst du ein Einlegeblatt in die Karte einklemmen (sofern du vorher Schlitze dafür entworfen hast) oder das Blatt dahinterkleben.

Du willst auf die Innenseite einer Karte schreiben? Dann falte deine Karte so, dass die Innenseite nach außen zeigt, und lade sie mit der Innenseite nach oben in die Kartenmatte. Achte jedoch immer darauf, dass dein zu zeichnendes Design in der virtuellen Vorschau richtig ausgerichtet ist.

MR. H. POTTER
Schrank unter der Treppe
Ligusterweg 4
Little Whinging
SURREY

Home
Accio Keys

Schlüsselanhänger aus Acrylglas

Werkzeuge
- ✓ Schneidematte (StrongGrip)
- ✓ Feinschnittklinge
- ✓ Graviertool (41)
- ✓ Maßband
- ✓ starkes Klebeband

Material
- ✓ Acrylglasrohling (Materialstärke 2 mm, Durchmesser 5 cm)
- ✓ Schlüsselring
- ✓ Tonpapier (für die Schablone)

Vorlage
- ✓ Schlüsselanhänger_Accio
- ✓ Füllmuster 0,1 mm

Heute gestalten wir einen Schlüsselanhänger aus Acryl im Harry-Potter-Stil. Mithilfe eines Plotters und des Verfahrens »Gravieren« werden wir in die magische Welt von Hogwarts eintauchen und einen einzigartigen Anhänger erschaffen, der ein echter Hingucker sein wird. Begleite mich auf dieser kreativen Reise, während wir Schritt für Schritt lernen, wie man Harry-Potter-Motive auf einen Acryl-Schlüsselanhänger graviert. Egal ob du ein treuer Fan der Bücher und Filme bist oder jemanden beschenken möchtest, der die Welt von Harry Potter liebt – dieses DIY-Projekt wird deine Begeisterung wecken. Öffne nun deinen Plotter mit den magischen Worten: »Alohomora, Plotter!« Und schon geht's los ...

Das Gravieren von Acryl mit einem Plotter für magische Bastelprojekte

Das Gravieren von Acrylglas mit dem Cricut Maker eröffnet viele kreative Möglichkeiten. Beachte, dass die exakten Einstellungen je nach Acrylart variieren können, daher ist es wichtig, diese vorab zu testen.

Hier ist nun eine Schritt-für-Schritt-Anleitung, wie du Acryl mit einem Plotter gravierst.

Schritt 1: Materialauswahl und Vorbereitung

Besorge dir Acrylglasrohlinge in der gewünschten Farbe und Dicke. Für das Gravieren eignet sich durchsichtiges oder einfarbiges Acryl am besten. In unserem Beispiel benutzen wir nun Acrylglasrohlinge mit der Materialstärke 2 mm und dem Durchmesser 5 cm.

Schritt 2: Design erstellen

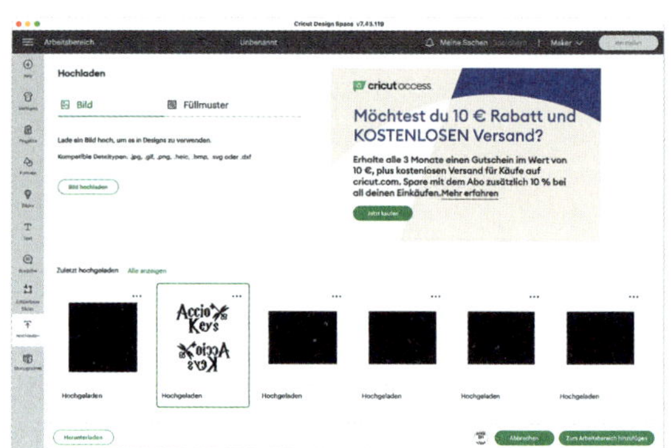

Damit du den Schlüsselanhänger herstellen kannst, lädst du dir den Ordner »Schlüsselanhänger Acryl« herunter. Wie dies funktioniert, wird dir auf Seite 15 erklärt. In diesem Ordner findest du alle Dateien (in unterschiedlichen Formaten), die du für dein Projekt benötigst.

Anschließend lädst du die folgenden Dateien in deiner Software hoch:

»Schlüsselanhänger_Accio.png«
»Füllmuster - 0,1 mm.svg«

Falls du den Schritt des Uploads noch nicht gemacht hast, so schaue in der Schritt-für-Schritt-Anleitung der Projekte »Die Platzkarte - Schnatz« (Seite 17) und »Print-then-cut-Etiketten« (Seite 102) noch mal nach. Hier wird der Upload für dich in Schrift und Bild erklärt.

Sobald du deine Dateien »Schlüsselanhänger_Accio.png« und »Füllmuster - 0,1 mm.svg« hochgeladen hast, fügst du diese deiner Arbeitsfläche hinzu.

Speichere deine Datei am besten einmal ab, so kannst du jederzeit wieder darauf zugreifen.

Die Datei »Schlüsselanhänger_Accio.png« zeigt einmal den Schriftzug von links nach rechts geschrieben und einmal spiegelverkehrt, da es einen unterschiedlichen Effekt beim Gravieren gibt, je nachdem, auf welcher Seite man die Gravur erstellt bzw. von welcher Seite die Gravur hinterher betrachtet wird.

Du kannst gern beides einmal ausprobieren, sodass du für dich die schönere Option für die weiteren Arbeiten mit Gravuren wählen kannst.

Wir nutzen nun für die weiteren Arbeitsschritte den Teil, bei dem man die Schrift von links nach rechts liest. Somit schneiden wir mit einem Rechteck, welches wir über »Formen« einfügen und anschließend auf den unteren Teil der Schrift legen, die Schrift weg. Klicke dazu, sobald das Rechteck auf der Schrift liegt und beide Elemente angewählt sind, unten rechts auf »Kombinieren« und danach auf »Subtrahieren«. Nun ist der untere Schriftteil entfernt.

Die Datei »Füllmuster - 0,1 mm.svg« ist eine Datei, welche zum Fläche-Gravieren genutzt wird. Wenn der Schriftzug so graviert werden würde, wie er aktuell aussieht, so würde die Gravierspitze nur die Umrandung nachzeichnen und nicht den Innenraum des Motives.

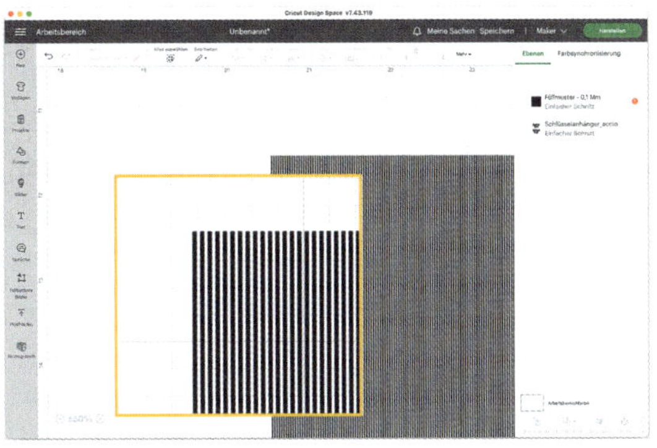

Die Fülldatei besteht aus ganz vielen dünnen Linien (siehe Abbildung 1 + Vergrößerung), welche ganz nah aneinandergereiht sind.

Diese Fülldatei muss nun auf die Schrift übertragen werden.

Damit du die Größe deiner Gravur kennst, musst du deinen Acrylrohling ausmessen. Mein Rohling hat den Durchmesser von 5 cm. Füge anschließend einen Kreis (»Formen«) ein und passe ihn der Größe deines Rohlings an.

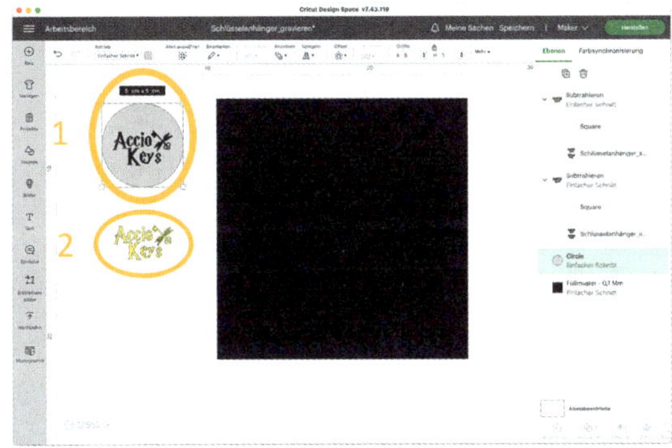

In unserem Beispiel (Abbildung 2) ist der Kreis in Hellgrau eingefärbt.

Passe anschließend deinen Schriftzug größentechnisch an den Kreis an (1). Kopiere danach den Schriftzug einmal und füge ihn unterhalb noch mal ein. Färbe ihn zusätzlich gelb (2).

Nun legst du diesen gelben Schriftzug auf deine Fülldatei und markierst beide (2). Klicke anschließend auf »Beschneiden« (2).

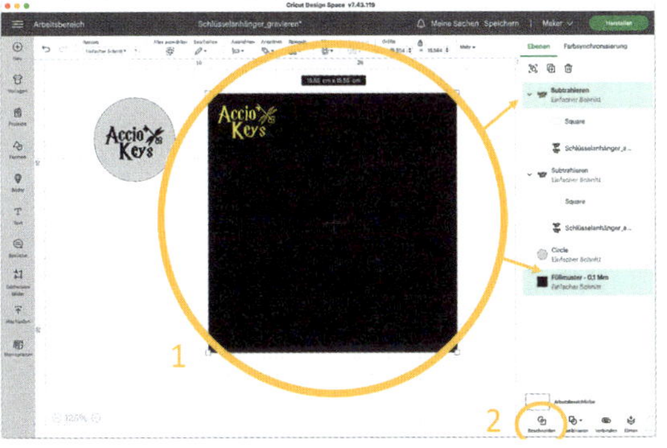

Deine Software rechnet nun ein bisschen (Abbildung 3).

Nach Fertigstellung kannst du die Fülldatei zur Seite schieben. Zum Vorschein kommt der Schriftzug, der aus der Fülldatei herausgeschnitten wurde.

Auch der Schriftzug ist nun mehrmals vorhanden. Dies siehst du, wenn du den Schriftzug verschieben möchtest (Abbildung 4). Lösche die Fülldateien sowie alle soeben erstellten Schriftzüge – bis auf einen!

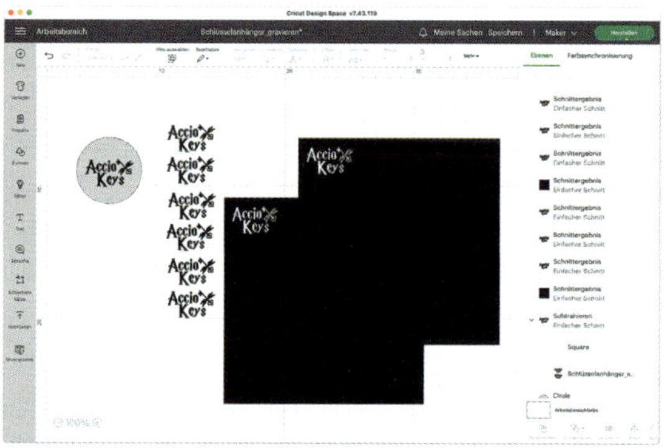

Klicke nun diesen Schriftzug an (1) und anschließend stellst du bei »Betrieb« auf »Gravieren« (2). Der Plotter bekommt nun die Information, dass er dieses Motiv »gravieren« soll.

Lösche (3) den ersten Schriftzug, welcher noch auf deinem Kreis liegt, aus deinem Arbeitsbereich.

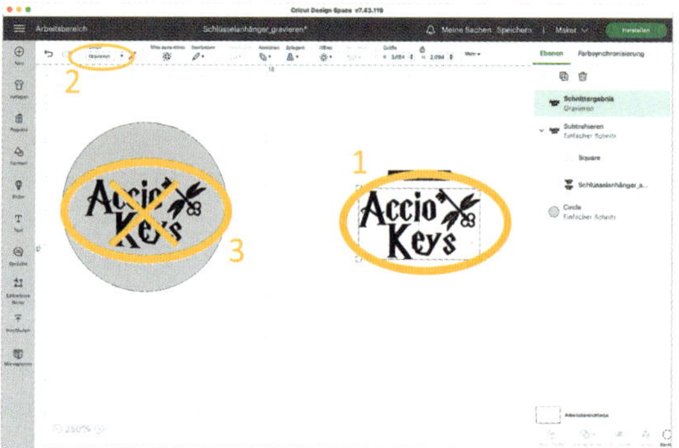

Schablone erstellen (Zwischenschritt)

Dieser Zwischenschritt ist ein Tipp für deine weitere Arbeit. So kannst du die Position, wie du deinen Acrylrohling auf der Schneidematte positionierst, besser ermitteln und erzielst ein sauberes Ergebnis.

Füge über »Formen« ein Quadrat mit den Maßen 10 × 10 cm ein. Lege die beiden Formen (Kreis und Quadrat) aufeinander und markiere sie (1). Klicke anschließend auf »Ausrichten« und dann auf »Zentrieren« (2).

Die beiden Formen sind nun mittig ausgerichtet. Klicke anschließend auf »Kombinieren« und »Subtrahieren« (3).

Jetzt hast du den Kreis aus dem Rechteck herausgeschnitten.

Dies ist nun deine Schablone, die du zur Befestigung und zum Ausrichten deines Acrylrohlings benötigst.

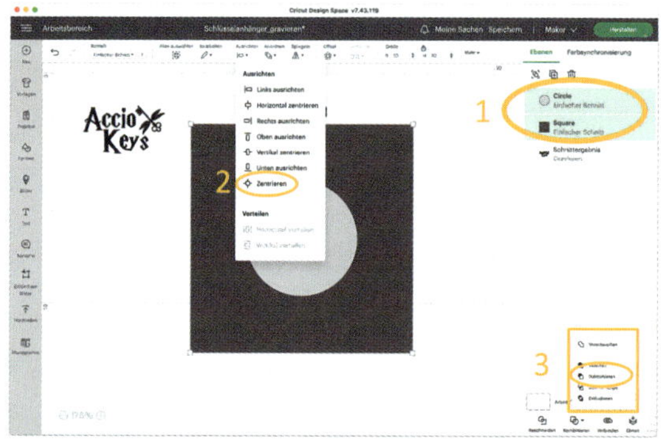

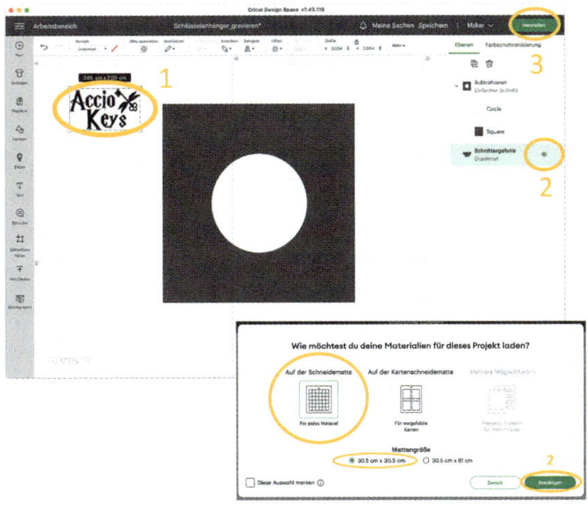

Wähle nun den Schriftzug »Accio Keys« (1) an und klicke anschließend auf das kleine Auge in der Ebenenleiste (2). Du blendest nun den Schriftzug aus. Er ist noch vorhanden, wird nun aber für den nächsten Schritt nicht berücksichtigt.

Klicke anschließend auf »Herstellen« (3).

Im weiterführenden Fenster wählst du die Schneidematte sowie ihre Größe aus und klickst auf »Bestätigen« (2).

Nun platzierst du dein virtuelles Motiv noch auf deiner Schneidematte. Anschließend klickst du unten rechts im Fenster auf »Fortfahren«.

Nimm dir deine LightGrip-Matte (hellblau) zur Hand und befestige auf ihr ein etwas dickeres Papier. Du kannst dazu ein Tonpapier nehmen.

Schneide anschließend mit den passenden Einstellungen deine Form aus dem Tonpapier aus. Falls du die Schritte für den Prozess des »Papierschneidens« noch nicht weißt, so schaue in der Schritt-für-Schritt-Anleitung des Projektes »Die Platzkarte - Schnatz« (Seite 17) noch mal nach.

Dein Plotter hat nun die fertige Schablone erstellt und du kannst mit der Arbeit an deinem Schlüsselanhänger fortfahren.

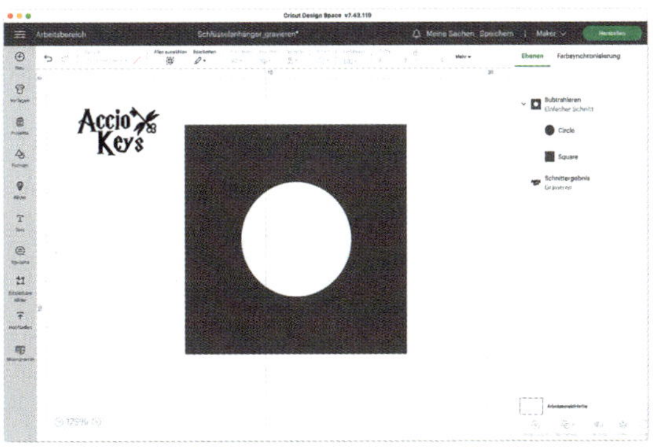

Klebe nun deine Schablone auf die StrongGrip-Matte (violett). Achte darauf, dass du sie mittig ausrichtest.

In deiner Software blendest du nun wieder den Schriftzug »Accio Keys« ein. Klicke dazu auf das kleine Auge in der Ebenenleiste.

Klicke anschließend auf »Herstellen« (oben rechts).

Schritt 3: Übertragung auf den Plotter

Sobald dein Design bereit ist, überträgst du es an den Plotter. Dies kann über verschiedene Methoden erfolgen, wie zum Beispiel USB, Bluetooth oder WLAN, je nach den Möglichkeiten deines Plotters.

Nachdem du zwei unterschiedliche Elemente hast, ordnet dir die Software die Elemente auch auf zwei Matten an.

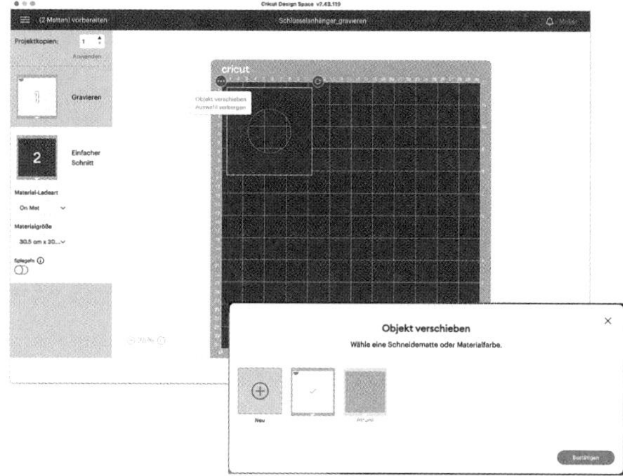

Wir verschieben nun jedoch das Quadrat von Matte 2 auf die Matte 1 mit dem Schriftzug. Klicke dazu auf die drei kleinen Punkte am Quadrat und wähle »Objekt verschieben« an. Nun öffnet sich ein Fenster, du wählst die passende Matte aus und klickst anschließend auf »Bestätigen«.

Dein Quadrat befindet sich nun auch auf der Matte mit dem Schriftzug.

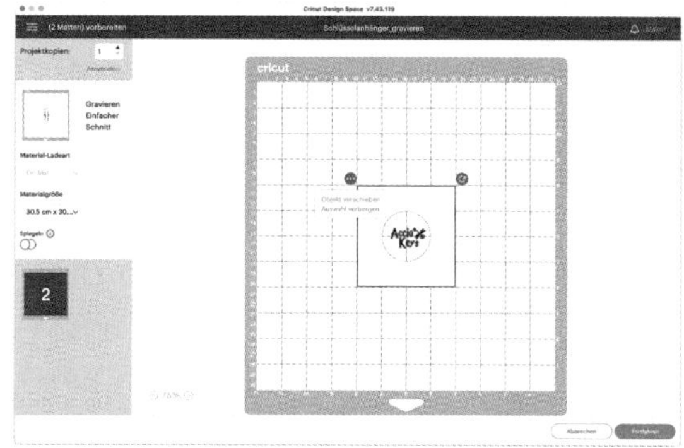

Nun richtest du das Quadrat exakt so aus wie auf deiner StrongGrip-Matte. Dies hilft dir, deinen Acrylrohling besser zu positionieren. Hast du dies getan, so richtest du auch den Schriftzug passend aus.

Klicke anschließend bei dem Quadrat auf die drei kleinen Punkte und auf »Auswahl verbergen«. Dein Quadrat verschwindet nun und nur der Schriftzug ist noch auf der Matte zu sehen, dort, wo du ihn zuvor positioniert hast.

Klicke anschließend auf »Fortfahren«.

Schritt 4: Einstellungen anpassen

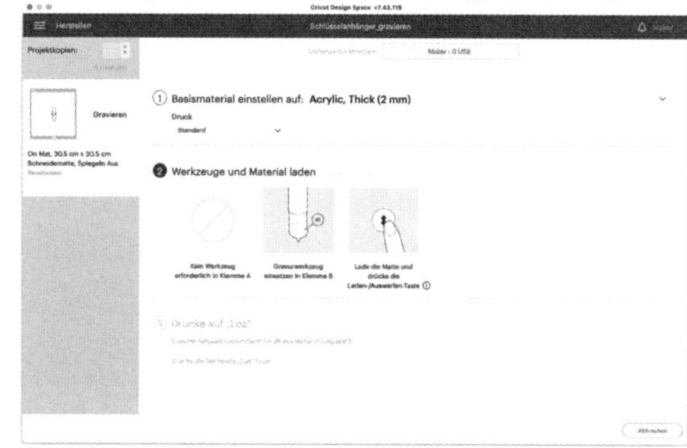

Bevor das Schneiden beginnt, musst du die Einstellungen deines Plotters anpassen. Dies umfasst beim Cricut Maker die Wahl des richtigen Materials. Sobald dieses eingestellt ist, weiß der Plotter automatisch, welche Schnitttiefe und weiteren Parameter er nutzen muss, da diese hinterlegt sind. Dies stellt sicher, dass deine Schnitte genau und sauber sind. Bei Plottern von anderen Firmen kann es sein, dass du selbst die richtige Schnitttiefe, Schnittgeschwindigkeit und andere Parameter einstellen musst. Da du mit einem Acrylrohling arbeitest, welcher die angegebene Dicke von 2 mm hat, stellst du hier beim ersten Schritt »Acrylic Thick 2mm« ein.

Anschließend setzt du, in Schritt 2, das Gravurwerkzeug (41) in die Klemme B ein.

Ziehe nun von deinem Acrylrohling die Schutzfolie ab und klebe ihn mittig auf deine Matte, passgenau in deine Schablone. Befestige deinen Acrylrohling zusätzlich noch mit stärkerem Klebeband. Dies ist zur Sicherheit, sodass der Acrylrohling nicht verrutschen kann. Achte darauf, dass du den Bereich, der graviert werden soll, nicht überklebst.

Wichtig: Schiebe die Sternräder (kleine weiße Ringe auf der Rollleiste) deines Plotters ganz rechts zur Seite, sodass sie nicht über das Acryl rollen.

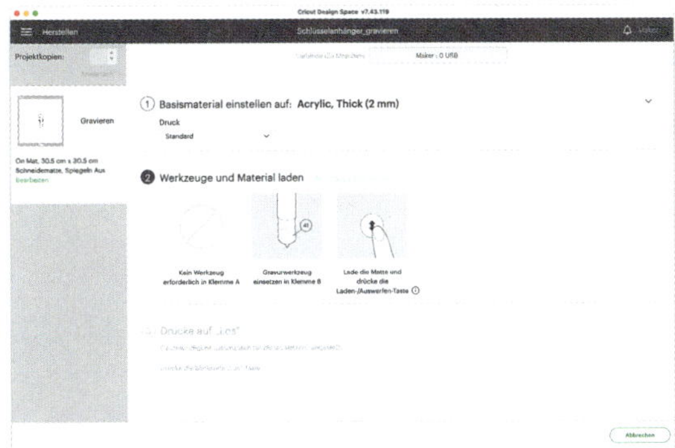

Lade anschließend die Matte, indem du auf deinem Plotter auf den Knopf mit dem Pfeil drückst.

Schritt 5: Gravieren

Jetzt klickst du auf den blinkenden Knopf mit dem »Cricut-Zeichen«. Nun ist es an der Zeit, dass der Plotter seine Magie wirken lässt. Das Gravurwerkzeug des Plotters bewegt sich präzise über das Acryl und folgt den von dir festgelegten Konturen.

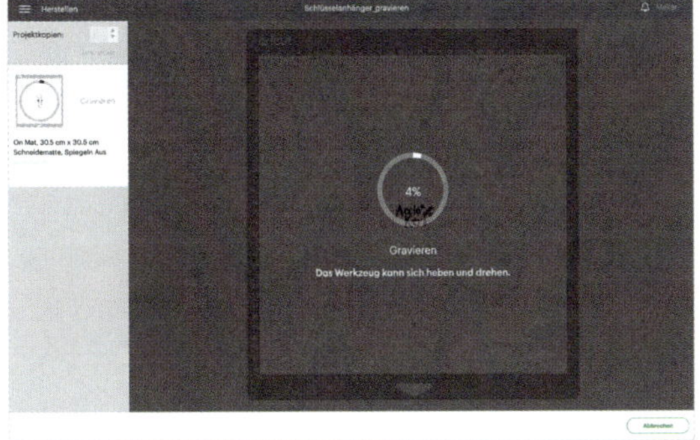

Da wir nicht nur die Kontur des Schriftzuges gravieren, sondern den Innenraum noch dazu, kann es nun ein Weilchen dauern. Gib dem Plotter ein wenig Zeit, während er dir deinen Schlüsselanhänger zaubert. Harry Potter und Co. haben das Zaubern schließlich auch nicht innerhalb von ein paar Minuten erlernt.

Falls du den Schlüsselanhänger auch mal ohne die Fülldatei ausprobieren möchtest, so wirst du merken, dass der Vorgang des Gravierens wesentlich schneller vonstatten geht als mit der Fülldatei.

Probiere gern beides einmal aus, sodass du den Unterschied auf dem Schlüsselanhänger und in der Herstellung siehst.

Schritt 6: Fertigstellung

Nachdem der Gravurvorgang abgeschlossen ist, entferne das gravierte Acryl vorsichtig von der Schneidematte. Reinige den Plotter und die Schneidematte, um diese für zukünftige Projekte in gutem Zustand zu halten.

Nimm ein wenig Klebeband und tupfe leicht über deinen Acrylrohling. So nimmst du die überschüssigen Acrylreste ab. Reibe deinen Rohling nicht an Stoff, da du sonst die Stofffasern in deine Gravur ziehst.

Ziehe die Schutzfolie der Rückseite ab. Befestige deinen Schlüsselring, und falls du Key Charms besitzt, so befestige diese noch mit am Ring.

Fertig ist dein Schlüsselanhänger aus Acryl.

Magischer Tipp

Wie wäre es mit einem Schlüsselanhänger, bei dem man sofort sieht, zu welchem Hogwarts-Haus du gehörst?

Dann probiere doch mal die Datei mit den »Buchstaben« und den Schriftzügen »Ravenclaw, Hufflepuff, Gryffindor, Slytherin« aus. Die großen farbigen Buchstaben werden aus Vinyl hergestellt. Achte darauf, dass du sie »spiegelst«, sodass du sie von hinten an das Acryl anbringen kannst. Der gravierte Schriftzug hingegen ist auf der Oberseite zu sehen.

Auch die Dateien aus dem Projekt »Muffintopper« kannst du hier super verwenden.

Lasse deiner Kreativität freien Lauf! Viel Spaß beim Basteln.

Slytherin
Hufflepuff
Ravenclaw
Gryffindor

MY DEAR, YOU HAVE
THE GRIM!
J.K. ROWLING
HARRY POTTER
J.K. ROWLING
HARRY POTTER
J.K. ROWLING
HARRY POTTER

Lampe aus Acrylglas

Werkzeuge
- ✓ Schneidematte (StrongGrip)
- ✓ Gravierspitze (41)
- ✓ Klebeband
- ✓ Maßband

Material
- ✓ Bausatz für die Acrylglaslampe (Acrylglasrohling + Standfußleuchte)

Vorlage
- ✓ Der Ordner »Lampe Acryl« enthält zwei Dateien, welche du für die jeweilige Herstellung der unterschiedlichen Lampen benötigst:

  Acryl Lampe Spotify
  Lampe Grim

  Wichtig: Verschiebe die Sternräder deines Plotters, sodass sie ganz rechts auf der Stange sitzen!

  Je nachdem, von welcher Seite du die Gravur sehen möchtest, musst du die Datei noch spiegeln. Das ist jedoch Geschmackssache und kein zwingender Schritt für dieses Projekt.

»After All This Time?« »Always!« – »My Dear, you have the Grim!«
Diese Zitate kennt wohl jeder Harry-Potter-Fan. Lass uns ein neues Bastelprojekt zum Thema »Acrylglas gravieren« beginnen. In dieser kreativen Reise werden wir lernen, Acrylglas mit dem Plotter zu gravieren, um eine magische Lampe zu erschaffen. Das Motiv wird uns an Severus Snape und seine unsterbliche Liebe zu Lily oder an eine Teetasse mit dem Grim darin erinnern. Bist du bereit, die Dunkelheit mit einem warmen Licht der Erinnerungen zu erhellen? Dann lass uns eintauchen und gemeinsam mit deinem Plotter zaubern.

Das Gravieren von Acryl mit einem Plotter für magische Bastelprojekte

Das Gravieren von Acrylglas mit dem Cricut Maker eröffnet viele kreative Möglichkeiten. Beachte, dass die exakten Einstellungen je nach Acrylart variieren können, daher ist es wichtig, diese vorab zu testen.

Hier ist nun eine Schritt-für-Schritt-Anleitung, wie du Acryl mit einem Plotter gravierst.

1. Lade die gewünschte Datei herunter und sichere sie auf deinem Computer. Anschließend wählst du den Upload in deiner Software aus und lädst die Datei in deine Software hoch.

   Wähle zwischen diesen beiden Dateien aus.

   Platziere deine Datei auf der Arbeitsfläche. Wähle die passende Größe für deine Datei aus. Richte dich hierbei nach der Größe deines Acrylglasrohlings. Füge für die Größenanpassung eine Form in der gleichen Form deines Acrylglasrohlings ein. Passe die Größe deiner Form an die deines Rohlings an. Nun kannst du die Datei (»Acryl Lampe Spotify« oder »Lampe Grim«) auf der Form ausrichten.

   Klicke deine Datei an und wähle bei »Betrieb« im Dropdownmenü »Gravieren« aus.

   Möchtest du deine Datei mit einer Fülldatei graviert haben, so schau dir dazu noch mal die Anleitung im Projekt »Schlüsselanhänger aus Acrylglas« an. Bedenke, dass der Gravierprozess mit Fülldatei wesentlich mehr Zeit in Anspruch nimmt als ohne Fülldatei.

   Verbinde nun beide Elemente miteinander.

   Klicke, sobald du mit deiner Anordnung zufrieden bist, auf »Herstellen«.

2. Ordne nun deine beiden Elemente auf der virtuellen Matte mittig an. Klicke anschließend auf die drei kleinen Punkte bei deiner Form und auf »Auswahl verbergen«. Nun siehst du nur noch dein zu gravierendes Motiv und kannst auf »Fortfahren« klicken.

3. Ziehe die Schutzfolie von deinem Acrylglasrohling ab (von der Seite, die nun graviert werden soll) und klebe ihn anschließend mittig auf die Schneidematte, ganz so, wie du es im Schritt zuvor virtuell in deiner Software gemacht hast. Klebe die Platte noch zusätzlich mit Klebeband auf die Matte, sodass diese auch sicher nicht verrutschen kann.

   Wichtig: Verschiebe die Sternräder deines Plotters, sodass sie ganz rechts auf der Stange sitzen!

   Je nachdem, von welcher Seite du die Gravur sehen möchtest, musst du die Datei noch spiegeln. Das ist jedoch Geschmackssache und kein zwingender Schritt für dieses Projekt.

   Lade die Matte in deinen Plotter und folge den weiteren Anweisungen deiner Software. Denk daran, das Graviertool in den Plotter einzusetzen.

   Wähle die passenden Einstellungen aus und lass deinen Plotter für dich zaubern … ähm … gravieren.

Materialeinstellungen
Acrylglas = Acrylic, Thick (2 mm) - Acryl, stark (2 mm)

Hinweis: Die Materialeinstellungen können je nach Material abweichen. Habe etwas Geduld, dein Plotter braucht etwas mehr Zeit beim Gravieren.

4. Dein Plotter ist mit dem Gravieren der Datei fertig? Entnimm die Matte und entferne dein Acrylglas von deiner Matte.

   Säubere die Acrylglasplatte, indem du mit einem Klebeband über die Platte tupfst und so die überschüssigen Acrylreste aufnimmst.

   Bist du mit deiner Arbeit fertig, so spanne am besten gleich das Graviertool aus und säubere es ebenfalls.

5. Stecke nun die Acrylglasplatte in den mitgelieferten Standfuß aus deinem Bausatz und schalte die Beleuchtung an.

   Jetzt kannst du dein Zimmer mit dieser schönen Lampe dekorieren. Sie verleiht deinem Raum einen Hauch von Magie und eine unverwechselbare Note, die deine Liebe zur Harry-Potter-Welt widerspiegelt.

J.K.ROWLING
HARRY
Always
After all this time?

Accio Food

Besteckttaschen aus Filz

Werkzeuge
- ✓ Schneidematte (FabricGrip)
- ✓ Feinschnittklinge
- ✓ Rolle
- ✓ Entgitterwerkzeug
- ✓ Presse/Bügeleisen + Unterlage
- ✓ Schere

Material
- ✓ Filz (Cricut) in den vier Hausfarben (Rot, Grün, Blau, Gelb)
- ✓ Iron-on-Folie in Schwarz, Silber und Gold

Vorlage
- ✓ Bestecktaschen_Krawatte
- ✓ Bestecktaschen_Schnitte
- ✓ Bestecktaschen_Streifen

Heute schneiden wir Filz in Form von Hogwarts-Krawatten und gestalten daraus einzigartige Besteckttaschen für deine festlich gedeckte Tafel. Schließe dich mir an, während wir gemeinsam Schritt für Schritt durch die Anleitung gehen, um diese zauberhaften Besteckttaschen zu kreieren. Egal, ob du eine Harry-Potter-Party planst oder einfach deinen Esstisch mit einem Hauch von Magie schmücken möchtest – diese Krawatten-inspirierten Besteckttaschen werden deine Gäste begeistern und das Ambiente deiner Feier aufwerten.

Das Schneiden von Textil mit einem Plotter für magische Bastelprojekte

Das Schneiden von Filz mit dem Plotter eröffnet viele kreative Möglichkeiten. Beachte, dass die exakten Einstellungen je nach Filzdicke variieren können. Daher ist es wichtig, diese vorab zu testen. Hier ist eine Schritt-für-Schritt-Anleitung, wie du Filz mit deinem Plotter schneiden kannst:

Schritt 1: Materialvorbereitung

Besorge dir Filz in der gewünschten Farbe und Dicke. Achte darauf, dass der Filz flach und glatt liegt, um genaue Schnitte zu gewährleisten. Ich habe für dieses Projekt das Filzbundle von Cricut gekauft. Hier hast du eine Auswahl an vielen Farben, und der Hersteller gibt dir die Gewährleistung, dass zumindest mit dem Plotter von Cricut das Textil problemlos geschnitten werden kann.

Schritt 2: Filz auf die Schneidematte kleben

Befestige den Filz auf einer FabricGrip-Matte (rosa). Stelle sicher, dass der Filz gleichmäßig und fest auf der Matte klebt. Rolle noch mal mit der Rolle über deinen Filz.

Schritt 3: Design erstellen

Damit du die Bestecktaschen herstellen kannst, lädst du dir den Ordner »Bestecktaschen« herunter. Wie dies funktioniert, wird dir auf Seite 15 erklärt.

In diesem Ordner findest du alle Dateien, die du für dein Projekt benötigst. Anschließend lädst du die folgenden Dateien in deiner Software hoch:

»Bestecktaschen_Krawatte.svg«
»Bestecktaschen_Schnitte.svg«
»Bestecktaschen_Streifen.svg«

Falls du den Schritt des Uploads noch nicht gemacht hast, so schaue in der Schritt-für-Schritt-Anleitung des Projektes »Die Platzkarte - Schnatz« (Seite 17) noch mal nach. Hier wird der Upload für dich in Schrift und Bild erklärt.

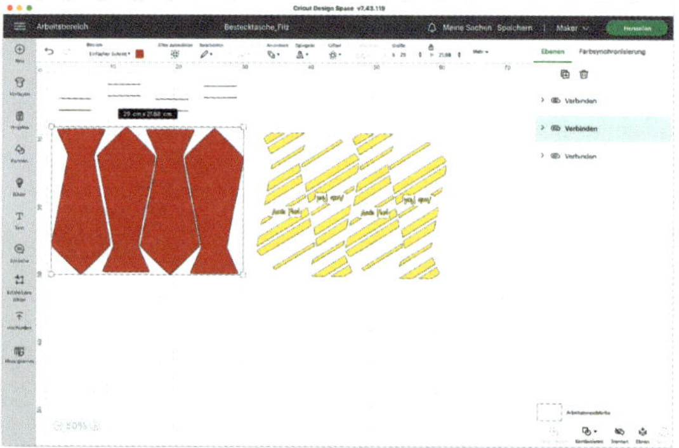

Platziere die Designs auf der Arbeitsfläche. Stelle sicher, dass das Design so positioniert ist, dass dieses auf den Filz passt.

Passe die drei Elemente unterschiedlich farbig an.

Verbinde anschließend die jeweiligen drei Elemente miteinander. Klicke dazu beispielsweise die Krawatten an und anschließend auf »Verbinden« unten rechts. Sind alle drei Elemente jeweils mit sich selbst verbunden, so sieht deine Ebenenleiste wie in der Abbildung aus (1).

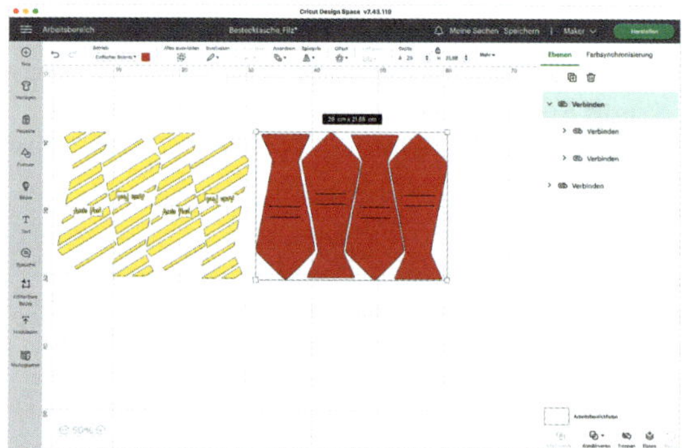

Achte darauf, dass alle drei Elemente größentechnisch zueinanderpassen. Lege dazu die Elemente virtuell aufeinander und probiere ein wenig herum.

Liegen nun alle Elemente passgenau aufeinander, so verschiebe nun wieder die Streifen, sodass nur noch die Krawatten und die Schnitte passgenau aufeinanderliegen. Markiere die beiden Elemente und »verbinde« sie miteinander. (Unten rechts auf »Verbinden« klicken.)

Schritt 4: Übertragung auf den Plotter

Sobald dein Design bereit ist, überträgst du es an den Plotter. Dies kann über verschiedene Methoden erfolgen, wie zum Beispiel USB, Bluetooth oder WLAN, je nach den Möglichkeiten deines Plotters.

Klicke dazu auf »Herstellen« (oben rechts - siehe Abbildung zuvor).

Im weiterführenden Fenster wählst du die Schneidematte sowie ihre Größe aus und klickst auf »Bestätigen« (2).

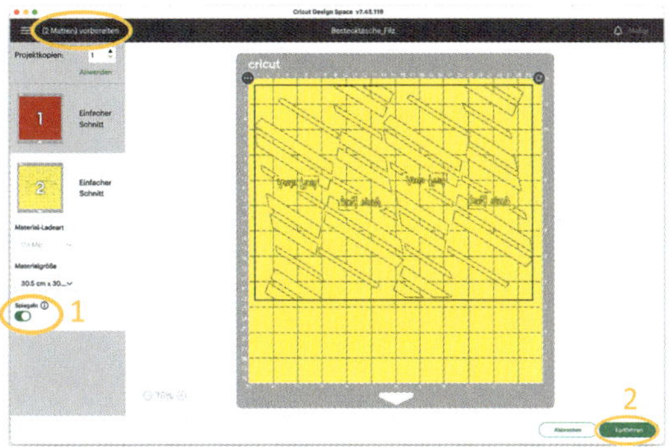

Nachdem du zwei Motive unterschiedlich eingefärbt hast, zeigt dir die Software nun, dass auf zwei Matten geschnitten wird. Achte darauf, dass du bei der Matte mit der Schrift »Spiegeln« (1) anklickst. Die andere Matte kannst du so lassen, wie sie ist. Platziere deine Motive auf den virtuellen Matten, ganz so, wie du es gern möchtest, und klicke auf »Fortfahren« (2).

Hinweis: Filz auf FabricGrip-Matte

Bügelfolie mit glänzender Seite nach unten auf StandardGrip-Matte

Schritt 5: Einstellungen anpassen

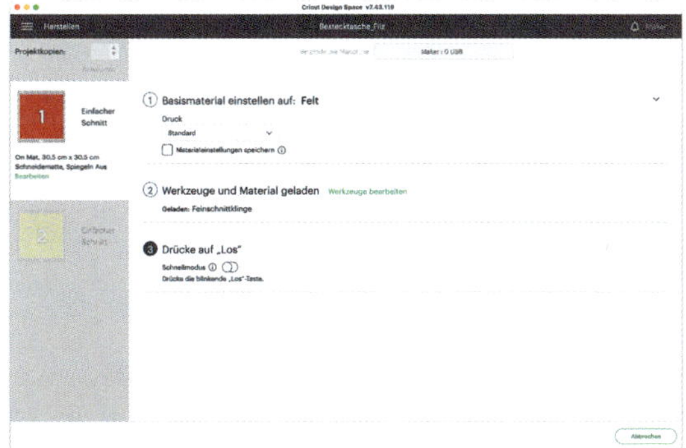

Öffne die Cricut-Design-Space-Software und wähle das Material »Felt« aus den voreingestellten Optionen aus. Die genauen Einstellungen können je nach Filzdicke variieren. Hier musst du evtl. erst ein paar Probeschnitte machen, bevor du mit diesem Projekt weitermachst.

Bei der StandardGrip-Matte stellst du das Material auf »Everyday Iron-on« und kontrollierst noch mal, ob auf der linken Leiste »Spiegeln An« steht.

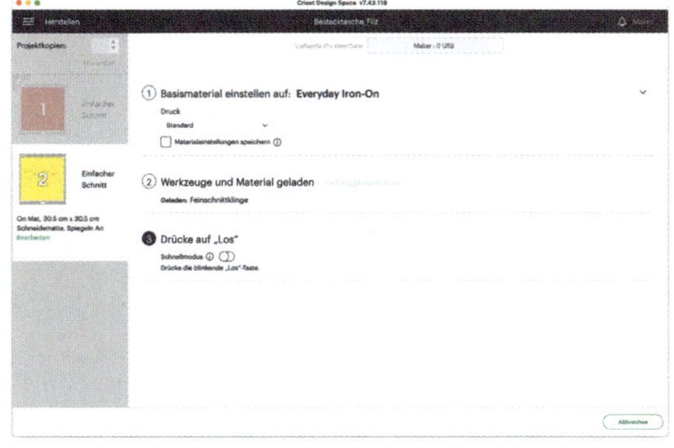

Schritt 6: Schneiden

Lade die erste Matte in deinen Plotter. Jetzt klickst du auf die blinkende Taste mit dem »Cricut-Zeichen«. Nun ist es an der Zeit, dass der Plotter seine Magie wirken lässt. Der Schneidekopf des Plotters bewegt sich präzise über die verschiedenen Materialien und folgt den von dir festgelegten Konturen. Er schneidet den Filz und die Bügelfolie genau so, wie du es entworfen hast.

Schritt 7: Fertigstellung

Nachdem der Schneidevorgang abgeschlossen ist, entferne den ausgeschnittenen Filz vorsichtig von der Schneidematte. Du kannst jetzt dein Filzteil für Bastelprojekte verwenden.

Das Gleiche machst du mit der anderen Matte. Anschließend entgitterst du beide Motive.

Zum Abschluss musst du noch die beiden Motive miteinander verbinden.

Nimm die Bügelfolie zur Hand und schneide die Trägerfolie auseinander, sodass du vier verschiedene Streifenelemente hast.

Lege die Bügelfolie mit dem Trägermaterial auf die Filzkrawatte.

Verwende eine Hitzepresse (oder ein Bügeleisen), um die Folie zu übertragen. Stelle sicher, dass du die Anweisungen für die Bügeleinstellungen und die Dauer gemäß den Angaben der Bügelfolie befolgst.

Die Anweisungen findest du meist auf der Internetseite des Shops, bei dem du deine Folien kaufst. Je nach Bügelfolie kannst du die Trägerfolie warm oder kalt abziehen. Auch diese Anweisung steht beim Kauf deiner Folie mit dabei. Sobald es abgekühlt ist, ist dein Design dauerhaft auf dem Träger (Filz) verankert.

Falls der Plotter die Schnitte, in die das Besteck gesteckt werden soll, nicht sauber genug geschnitten hat, so musst du hier evtl. mit einem Skalpell oder scharfen Messer vorsichtig nacharbeiten.

Nun kannst du deine festliche Tafel eindecken und das Besteck würdevoll präsentieren.

In diesem Buch findest du noch mehr Projekte für eine festlich geschmückte Harry-Potter-Tafel, zum Beispiel die Laternen aus Papier. Die Anleitung dazu findest du im Projekt »Magisches Lichtspiel mit Laternen und Windlichtern« auf Seite 32.

Setzt du diese Projekte um, so kann es euch auf eurer Party schon fast so vorkommen, als würdet ihr mit Harry, Ron und Hermine in der Großen Halle sitzen und an einem der vier Haustische speisen.

Lesezeichen aus Filz

Heute gestalten wir gemeinsam Lesezeichen aus Filz, welche die vier einzigartigen Tiere, also Löwe, Dachs, Adler und Schlange, der Hogwarts-Häuser repräsentieren. Lass uns kreativ werden und diese zauberhaften Lesezeichen kreieren, welche dir beim Lesen der Bücher künftig viel Freude bereiten sollen.

Werkzeuge

- ✓ Schneidematte (LightGrip und FabricGrip)
- ✓ Feinschnittklinge
- ✓ Rolle
- ✓ Entgitterwerkzeug
- ✓ Maßband
- ✓ Presse/Bügeleisen + Unterlage
- ✓ Schere

Material

- ✓ Iron-on-Folie in den vier Hausfarben (Grün, Blau, Rot, Gelb)
- ✓ Filz (Cricut)

Vorlage

- ✓ Der Ordner »Lesezeichen Filz« enthält zwei Dateien, welche du für die Herstellung benötigst:

  Lesezeichen_Filz
  Lesezeichen_Vinyl

1. Lade die gewünschten Dateien herunter und sichere sie auf deinem Computer. Anschließend wählst du den Upload in deiner Software aus und lädst die Dateien in deine Software hoch.

   Platziere deine Dateien auf der Arbeitsfläche. Wähle die passende Größe für deine Dateien aus. Achte darauf, dass die Motive passgenau zueinander sind. Dies kannst du überprüfen, indem du sie einmal übereinanderlegst. Färbe die Dateien unterschiedlich ein, sodass du problemlos mit mehreren Matten arbeiten kannst. So kannst du auf die FabricGrip-Matte deinen Filz kleben und auf die LightGrip-Matte deine Iron-on-Folien.

   Die Dateien sind zusammenhängend erstellt. Falls du die Lesezeichen in unterschiedlichen Farben basteln möchtest, musst du die Datei mehrmals einfügen und mit »Formen« zuschneiden.

   Klicke, sobald du mit deiner Anordnung zufrieden bist, auf »Herstellen«.

2. Klebe nun deine Iron-on-Folien, mit der glänzenden Seite nach unten, auf die Schneidematte und rolle sie fest, sodass keine Lufteinschlüsse mehr vorhanden sind. Das Gleiche machst du mit deiner Filzmatte. Lade die erste Matte mit dem passenden Material in deinen Plotter und folge den weiteren Anweisungen deiner Software.

   Wähle die passenden Einstellungen aus und lass deinen Plotter für dich zaubern … ähm … schneiden.

Materialeinstellungen:
Iron-on = Everyday IronOn

Filz (der Firma Cricut) = Felt - Filz

Hinweis: Die Materialeinstellungen können je nach Material abweichen. Mache hierfür in einer Ecke des jeweiligen Materials einen kleinen Testschnitt.

3. Dein Plotter ist mit dem Schneiden der Datei fertig? Entnimm die Matte und entgittere deine Motive.

4. Schneide die vier Iron-on-Motive mit einer Schere auseinander. Nimm nun deine Presse und heize diese vor. Achte hierbei auf die Herstellerangaben deiner zu verarbeitenden Folie. Sobald die Presse startbereit ist, drückst du dein Motiv auf den Filzträger. Ziehe die Transferfolie nach jedem Pressvorgang vorsichtig ab. Achte auch hier wieder auf die Herstellerangaben der Folien. Manche Folien kannst du heiß und manche nur kalt abziehen.

5. Nachdem du die Folien abgezogen hast, sind deine Lesezeichen aus Filz einsatzbereit. Ein selbst gestaltetes Harry-Potter-Lesezeichen ist nicht nur ein praktisches Leseaccessoire, sondern auch ein Kunstwerk, auf das du stolz sein kannst. Wenn du ein Buch öffnest und dein Lesezeichen in die Seiten legst, wirst du künftig von den dir vertrauten Motiven der Hogwarts-Haustiere begrüßt. Es erinnert dich nicht nur an deine Liebe zur Zauberwelt, sondern verleiht deinem Lesevergnügen auch einen magischen Touch. Jedes Mal, wenn du dein Buch wieder aufnimmst, wirst du stolz auf dein Meisterwerk sein und kannst die Freude am Lesen in vollen Zügen genießen.

Magischer Tipp
Um dem Ganzen noch eine persönlichere Note zu verpassen, kannst du auf die Rückseite deines Lesezeichens deinen Namen plotten.

Dieses Lesezeichen kannst du selbstverständlich auch aus Holz machen. Schau dir dazu noch mal die Anleitung des Projektes »Lesezeichen aus Holz« auf Seite 75 an.

1. magischer
Schultag

Zauberhafte Schultüte

Werkzeuge
- ✓ Schneidematte (LightGrip und FabricGrip)
- ✓ Feinschnittklinge, Rollklinge
- ✓ Rolle
- ✓ Entgitterwerkzeug
- ✓ Maßband
- ✓ Presse/Bügeleisen + Unterlage
- ✓ Schere
- ✓ Alleskleber

Material
- ✓ Iron-on-Folie in Schwarz
- ✓ Filz in verschiedenen Farben
- ✓ Glitzermoosgummi
- ✓ Schultütenrohling

Vorlage
- ✓ Der Ordner »Schultüte« enthält sieben weitere Ordner:

  Alraune
  Blitz
  Brief
  Eule
  Hut
  Schnatz
  Zauberstab

  In diesem Ordner befinden sich die jeweiligen Dateien, welche du für die Herstellung benötigst.

  Hinweis: Iron-on-Dateien »spiegeln«!

Erinnerst du dich noch, wie aufgeregt Harry Potter an seinem ersten Schultag in Hogwarts war? Du kennst auch ein Vorschulkind, welches bald eingeschult wird? Dann bastle diesem zukünftigen Erstklässler doch eine magische Schultüte mit vielen tollen Harry-Potter-Elementen und schenke ihm damit ein bisschen Magie für seinen ersten Schultag. Die Motive für die Schultüte werden wir in diesem Projekt aus Filz von unserem Plotter ausschneiden lassen und anschließend auf einen Schultütenrohling aufkleben. Bist du bereit, diese magische Schultüte zu gestalten und somit dem zukünftigen Schulkind ein Lächeln ins Gesicht zu zaubern? Dann legen wir gemeinsam los.

1. Lade die gewünschten Dateien herunter und sichere diese auf deinem Computer. Anschließend wählst du den Upload in deiner Software aus und lädst die Dateien darin hoch.

   Fortgeschrittene P(l)otter-Profis können an dieser Stelle nun alle Dateien auf einmal einfügen und anschließend weiterarbeiten.

   Für Plotter-Neulinge empfehle ich, jedes Motiv einzeln zu betrachten und schrittweise zu erstellen. So kommst du nicht durcheinander und behältst einen besseren Überblick. Beispielsweise beginnst du mit dem Motiv »Eule« und lädst alle Dateien aus dem Ordner »Eule« hoch.

   Dies wären folgende Dateien:

Eule_1
Körper

Eule_2
Augen + Flügel

Eule_3
Gesicht + Füße
(Iron-on-Folie)

Eule_4
Punkte
(Iron-on-Folie)

2. Platziere deine Dateien (ob alle auf einmal oder jedes Element für sich einzeln) auf der Arbeitsfläche. Wähle die passende Größe für deine Dateien aus. Richte dich hier nach der Größe deines Schultütenrohlings. Achte darauf, dass die Motive passgenau zueinander sind. Dies kannst du überprüfen, indem du sie einmal übereinanderlegst.

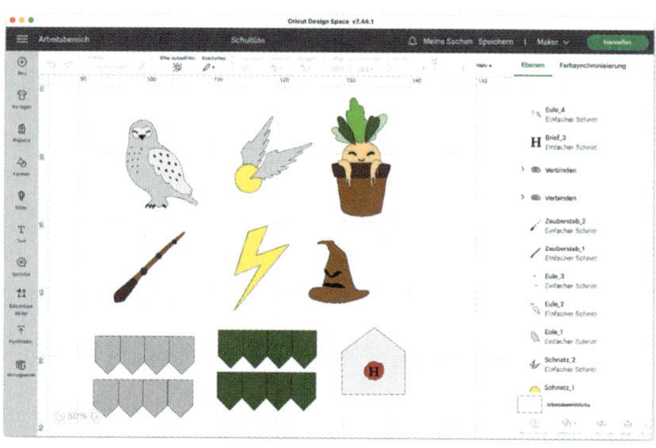

Färbe die Dateien unterschiedlich ein, sodass du problemlos mit mehreren Matten arbeiten kannst. So kannst du beispielsweise auf die FabricGrip-Matte den Filz kleben und auf die LightGrip-Matte die Iron-on-Folie (alle schwarz dargestellten Elemente = Eule, Gesicht Hut, H im Briefsiegel, Gesicht Alraune).

All die Elemente, die du in einer Farbe herstellen möchtest, musst du einer Farbe in deiner Software zuweisen. Da wir hier nun eine Slytherin-Schultüte erstellen, werden die Wimpel in Silber und Grün erstellt. Die Wimpelformen findest du in deiner Software unter »Formen«. Suche dir die Form aus, die dir am besten gefällt, und passe die Größe an. Hast du in Schritt 1 alle Dateien auf einmal eingefügt und wählst die gleichen Farben, wie ich es getan habe aus, so erhältst du zwölf Matten mit den jeweiligen farbigen Elementen. Oben links wird dir die Anzahl der Matten angezeigt, die du vorbereiten musst.

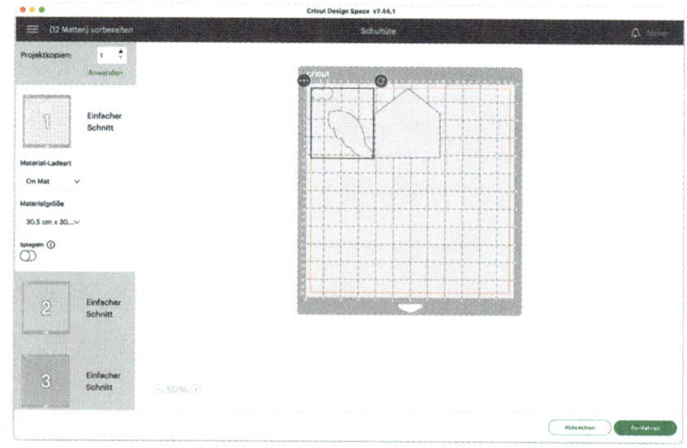

Die dargestellten virtuellen Matten kannst du nun nach und nach mit deinem Material auf deiner realen Schneidematte bekleben.

Du kannst den jeweiligen Matten später, im Prozess der Einstellungen für das Schneiden, ihr Material zuweisen. Klicke, sobald du mit deiner Anordnung zufrieden bist, auf »Fortfahren«.

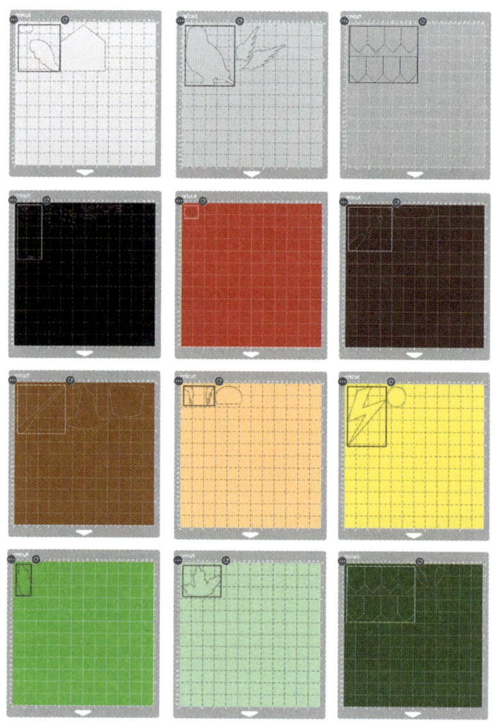

Iron-on-Folie

3. Die dargestellte virtuelle schwarze Matte beinhaltet die Elemente für die Iron-on-Folie. Beklebe für diese Matte die Schneidematte LightGrip mit einer Iron-on-Folie.

Achte darauf, dass du die glänzende Seite nach unten auf die Schneidematte legst. Rolle sie fest, sodass keine Lufteinschlüsse mehr vorhanden sind. Denk daran, die Dateien zu spiegeln!

Filz und Glitzermoosgummi

Die Elemente, die du aus Filz und Glitzermoosgummi herstellen möchtest, musst du auf eine FabricGrip-Matte kleben.

4. Lade die erste Matte mit dem passenden Material in deinen Plotter und folge den weiteren Anweisungen deiner Software.

   Wähle die passenden Einstellungen aus und lass deinen Plotter für dich zaubern … ähm … schneiden.

Materialeinstellungen
Iron-on = Everyday Iron-on (SPIEGELN!)

Filz (der Firma Cricut) = Felt - Filz
Filz aus dem Bastelladen = Felt, Acrylic Fabric - Filz, Acrylgewebe

Glitzermoosgummi = Flannel - Flanell

Hinweis: Die Materialeinstellungen können je nach Material abweichen. Mache hierfür in einer Ecke des jeweiligen Materials einen kleinen Testschnitt.

Werkzeuge
Iron-on-Folie = Feinschnittklinge, LightGrip-Matte

Filz, Glitzermoosgummi = Rollklinge, FabricGrip-Matte

5. Dein Plotter ist mit dem Schneiden der Dateien fertig? Entnimm die Matte und entgittere deine Motive. Mache dies so oft, bis du alle deine Elemente einzeln vor dir liegen hast.

6. Klebe nun die einzelnen Elemente, welche zueinandergehören, zusammen.

Schneide die Iron-on-Motive mit einer Schere auseinander. Nimm nun deine Presse und heize diese vor. Achte hierbei auf die Herstellerangaben deiner zu verarbeitenden Folie. Sobald die Presse startbereit ist, drückst du dein Motiv auf den Filzträger. Ziehe die Transferfolie nach jedem Pressvorgang vorsichtig ab. Achte auch hier wieder auf die Herstellerangaben der Folien. Manche Folien kannst du heiß und manche nur kalt abziehen.

7. Nachdem du die Folien abgezogen hast, sind deine Motive aus Filz einsatzbereit und du kannst nun mit dem Verschönern deines Schultütenrohlings beginnen. Stelle die Motive auf deiner Schultüte so zusammen, wie es dir am besten gefällt.

Bist du mit deiner Anordnung zufrieden, so kannst du beginnen, die Motive mit dem Alleskleber auf den Schultütenrohling zu kleben.

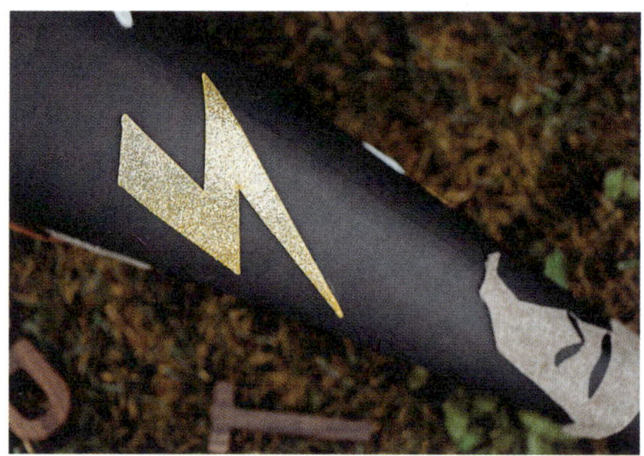

8. Wow, du bist fertig mit deiner selbst gezauberten Schultüte! Ist das nicht ein großartiges Gefühl? Das empfindet sicherlich auch das Schulkind, wenn es am ersten Schultag freudestrahlend mit dieser Schultüte in die Schule hineinläuft. Jetzt musst du nur noch flott ein paar tolle Überraschungen für den Inhalt der Tüte kaufen und schon kannst du dem Schulkind diese zauberhafte Schultüte überreichen. Wer wird wohl stolzer sein? Du, weil du diese Tüte ganz allein erstellt hast, oder das Kind, welches mit dieser Tüte seinen ersten Schultag feiern kann? Ich bin auf jeden Fall mächtig stolz auf dich, dass du dieses herausfordernde Projekt so wunderbar gemeistert hast!

Magischer Tipp
Du kannst die Schultüte in allen vier Hausfarben oder komplett neutral erstellen. Wähle dazu einfach die passenden Farben für die Wimpel aus.

Dir gefallen die Motive aus Filz so gut, dass du diese noch anderweitig nutzen möchtest? Wie wäre es, wenn du aus ihnen ein Mobile bastelst? Lass mich dir noch einen kleinen Tipp geben: Beklebe dann die Motive von beiden Seiten. So sieht man von allen Seiten, ganz gleich, wie sich das Mobile dreht, die Motive in ihrer vollen Pracht.

Wimpelkette

In diesem Kapitel lernst du, wie du eine magische Wimpelkette aus Filz gestaltest. Diese Wimpelkette präsentiert die bezaubernden Tiere der vier Hogwarts-Häuser. Begleite mich auf dieser Reise, um die Magie von Harry Potter in dein Zuhause oder auf die nächste Harry-Potter-Party zu bringen. Deine eigene magische Wimpelkette wartet darauf, von dir geschaffen zu werden.

Werkzeuge
- ✓ Schneidematte (LightGrip, StandardGrip und FabricGrip)
- ✓ Feinschnittklinge, Rollklinge
- ✓ Rolle
- ✓ Entgitterwerkzeug
- ✓ Maßband
- ✓ Presse/Bügeleisen + Unterlage
- ✓ Schere
- ✓ Alleskleber

Material
- ✓ Iron-on-Folie in Schwarz
- ✓ Glitzerfolie in Silber
- ✓ Filz in verschiedenen Farben
- ✓ Schnur

Vorlage
- ✓ Der Ordner »Wimpelkette« enthält sechs weitere Ordner:

  Gryffindor
  Hufflepuff
  Ravenclaw
  Slytherin
  Wimpel H
  Wimpel Wappen

  In diesem Ordner befinden sich die jeweiligen Dateien, welche du für die Herstellung benötigst.

  Hinweis: Iron-on-Dateien »spiegeln«!

1. Lade die gewünschten Dateien herunter und sichere diese auf deinem Computer. Anschließend wählst du den Upload in deiner Software aus und lädst die Dateien darin hoch.

   Fortgeschrittene P(l)otterprofis können an dieser Stelle nun alle Dateien auf einmal einfügen und anschließend weiterarbeiten.

   Für Plotter-Neulinge empfehle ich, jeden Wimpel einzeln zu betrachten und schrittweise zu erstellen. So kommst du nicht durcheinander und behältst einen besseren Überblick. Beispielsweise beginnst du mit dem Motiv »Wimpel Gryffindor« und lädst alle Dateien aus dem Ordner »Gryffindor« hoch.

   Dies wären folgende Dateien:

Streifen_G
Streifen

Tier_G
Löwe

Wimpel_G
Wimpel + Wappen

Die Bestandteile der Wimpelkette sehen insgesamt wie folgt aus:

2. Platziere deine Dateien (ob alle auf einmal oder jedes Element für sich einzeln) auf der Arbeitsfläche. Wähle die passende Größe für deine Dateien aus. Richte dich hier nach der Größe deiner Schneidematte. Meine Wimpel sind 12,5 cm breit. Achte darauf, dass die Motive passgenau zueinander sind. Dies kannst du überprüfen, indem du sie einmal übereinanderlegst. Das bedeutet, du legst die Streifen auf den Wimpel. Auf die Streifen das Wappen und zuletzt dann das Wappentier obenauf.

Färbe die Dateien unterschiedlich ein, sodass du problemlos mit mehreren Matten arbeiten kannst.

So kannst du beispielsweise auf die FabricGrip-Matte den Filz kleben, auf die LightGrip-Matte die Iron-on-Folie (alle schwarz dargestellten Elemente = Löwe, Schlange, Adler, Dachs) und auf die StandardGrip-Matte die Iron-on-Glitzerfolie in Silber (alle hellgelb dargestellten Elemente = Wappen mit allen Tieren, großes H).

All die Elemente, die du in einer Farbe herstellen möchtest, musst du einer Farbe in deiner Software zuweisen.

Hast du in Schritt 1 alle Dateien auf einmal eingefügt und wählst die gleichen Farben und Größen, wie ich es getan habe, aus, so erhältst du zehn Matten mit den jeweiligen farbigen Elementen.

Oben links wird dir die Anzahl der Matten angezeigt, die du vorbereiten musst.

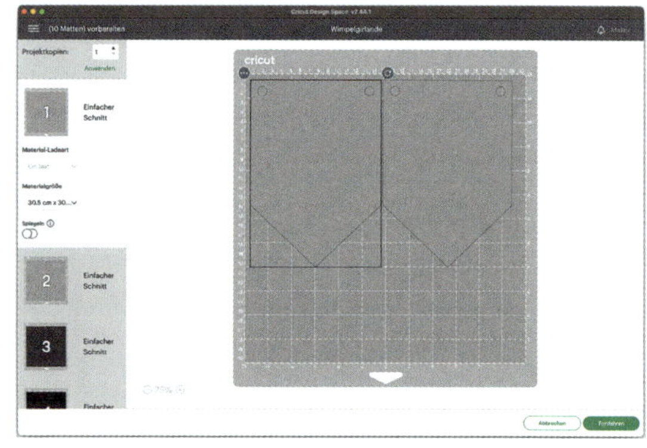

Die dargestellten virtuellen Matten kannst du nun nach und nach mit deinem Material auf deiner realen Schneidematte bekleben.

Du kannst den jeweiligen Matten später, im Prozess der Einstellungen für das Schneiden, ihr Material zuweisen. Klicke, sobald du mit deiner Anordnung zufrieden bist, auf »Fortfahren«.

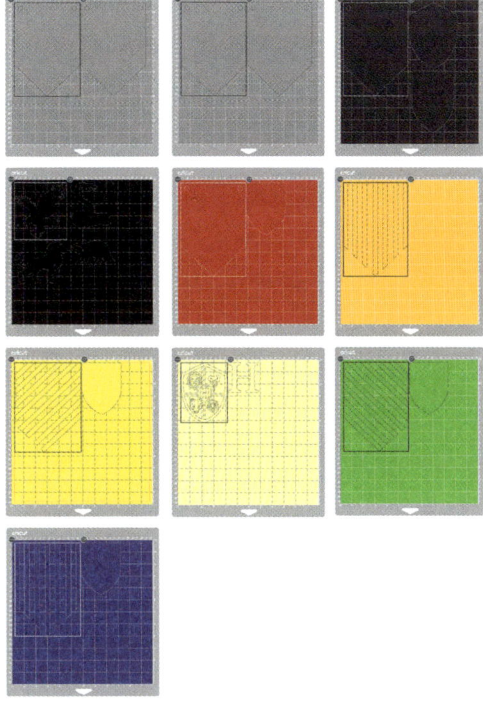

Iron-on-Folien

3. Die dargestellten virtuellen schwarzen und hellgelben Matten beinhalten die Elemente für die Iron-on-Folien. Beklebe für die Tiere die Schneidematte LightGrip mit einer Iron-on-Folie.

   Beklebe für das Wappen und das große »H« die StandardGrip-Matte mit der Iron-on-Glitzerfolie in Silber.

   Achte darauf, dass du die glänzende Seite nach unten auf die Schneidematte legst. Rolle sie fest, sodass keine Lufteinschlüsse mehr vorhanden sind. Denk daran, die Dateien zu spiegeln!

Filz

Die Elemente, die du aus Filz herstellen möchtest, musst du auf eine FabricGrip-Matte kleben. Alternativ kannst du auch die violette StrongGrip-Matte nutzen.

4. Lade die erste Matte mit dem passenden Material in deinen Plotter und folge den weiteren Anweisungen deiner Software.

   Wähle die passenden Einstellungen aus und lass deinen Plotter für dich zaubern … ähm … schneiden.

Materialeinstellungen
Iron-on = Everyday Iron-on (SPIEGELN!)

Iron-on-Glitzerfolie = Glitter Iron-on - Glitzerfolie zum Aufbügeln

Filz (der Firma Cricut) = Felt - Filz

Filz aus dem Bastelladen = Felt, Acrylic Fabric - Filz Acrylgewebe

Hinweis: Die Materialeinstellungen können je nach Material abweichen. Mache hierfür in einer Ecke des jeweiligen Materials einen kleinen Testschnitt.

Werkzeuge
Iron-on-Folie = Feinschnittklinge, LightGrip-Matte

Filz = Rollklinge, FabricGrip-Matte

Je nachdem, welchen Filz du nutzt, kann es sein, dass du deinen Plotter zwei- bis dreimal eine Datei schneiden lassen musst. Nimm die Schneidematte noch nicht aus deinem Plotter. Teste nach dem ersten Durchgang an einer kleinen Stelle, ob dein Filz sauber geschnitten wurde und du ihn einfach entfernen könntest. Falls die Motive sich noch nicht problemlos lösen, so startest du einen weiteren Schneidedurchgang. Drücke dazu noch mal die Starttaste (beim Cricut-Plotter ist das die Taste mit dem Cricut-Zeichen). Nun schneidet der Plotter die zuvor geschnittenen Linien noch mal an exakt der gleichen Stelle nach.

5. Dein Plotter ist mit dem Schneiden der Dateien fertig? Entnimm die Matte und entgittere deine Motive. Mache dies so oft, bis du alle deine Elemente einzeln vor dir liegen hast.

6. Klebe nun die einzelnen Elemente, welche zueinandergehören, zusammen. Schneide die Iron-on-Motive mit einer Schere auseinander. Nimm nun deine Presse und heize diese vor. Achte hierbei auf die Herstellerangaben deiner zu verarbeitenden Folie. Sobald die Presse startbereit ist, drückst du dein Motiv auf den Filzträger.

Ziehe die Transferfolie nach jedem Pressvorgang vorsichtig ab. Achte auch hier wieder auf die Herstellerangaben der Folien. Manche Folien kannst du heiß und manche nur kalt abziehen.

7. Nachdem du die Folien abgezogen hast, sind deine Wimpel aus Filz einsatzbereit und du kannst nun alle Wimpel auf eine Schnur auffädeln.

8. Grandios! Du bist fertig mit deiner selbst gestalteten Wimpelkette! Sieht sie nicht wunderschön aus?!

Ich wünsche dir viel Spaß beim Verschönern deines Zuhauses mit dieser hübschen Wimpelkette.

Du hast das wirklich super gemacht!

Magischer Tipp

Falls du die Girlande mitten in einen Raum hängen möchtest, so solltest du die Wimpel von beiden Seiten gestalten. So sieht man nicht nur von einer Seite die großartigen Elemente, sondern kann die Girlande rundherum in ihrer vollen Pracht betrachten.

Du kannst natürlich die Elemente in Silber auch in Gold gestalten. Hier siehst du ein Beispiel, wie dies aussehen kann.

Alohomora
Mischief Managed
I solemnly swear that I am up to no good.

Schlüsselanhänger aus Leder

Werkzeuge
- ✓ Schneidematte (StrongGrip und LightGrip)
- ✓ Feinschnittklinge
- ✓ Rolle
- ✓ Entgitterwerkzeug
- ✓ Maßband
- ✓ Presse/Bügeleisen + Unterlage
- ✓ Schere
- ✓ Alleskleber
- ✓ Backpapier

Material
- ✓ Iron-on-Folie in Schwarz, Braun glitzernd und Gold
- ✓ Kunstleder der Marke »Folia Paper«
- ✓ Schlüsselring

Vorlage
- ✓ Der Ordner »Schlüsselanhänger Leder« enthält zwei Ordner, welche zwei verschiedene Designs mit den jeweiligen Dateien beinhalten. Es ist jeweils auch eine Datei im Ordner, die den zusammengebauten Schlüsselanhänger darstellt, sodass du ihn einmal visuell vor Augen hast.

Hinweis: Dateien »spiegeln«!

»Ich schwöre feierlich, ich bin ein Tunichtgut!« Jetzt, nachdem wir diese Worte gesagt haben, erscheinen wie von Zauberhand die ganzen Wörter auf dieser Seite, die dich Schritt für Schritt durch das nächste Projekt leiten. Heute werden wir gemeinsam einen Schlüsselanhänger aus Leder basteln, der die berühmte Karte des Rumtreibers repräsentiert. Dieser Schlüsselanhänger verschönert jeden noch so langweiligen Schlüsselbund und erweckt die Abenteuerlust von Hogwarts auch in deinem Alltag zum Leben. Bist du bereit, die Karte des Rumtreibers zu aktivieren und mich auf diese DIY-Reise zu begleiten? Na, dann legen wir los ...

1. Lade die gewünschten Dateien herunter und sichere sie auf deinem Computer. Entscheide dich vorerst für ein Design. Du kannst zwischen diesen beiden Dateien wählen:

   Schlüsselanhänger_L_1, Schlüsselanhänger_L_2

   Der Unterschied besteht einzig und allein auf der Seite mit dem Aufdruck »Mischief Managed«.

   Die Farben sind hier nur zur Verdeutlichung der unterschiedlichen Dateien eingefügt. Nun wählst du den Upload in deiner Software

aus und lädst die Dateien des ausgewählten Designs in deine Software hoch.

Platziere deine Dateien auf der Arbeitsfläche und wähle die passende Größe aus. Achte darauf, dass die Motive passgenau zueinander sind. Dies kannst du überprüfen, indem du sie einmal übereinanderlegst. Färbe die Dateien unterschiedlich ein, sodass du problemlos mit mehreren Matten arbeiten kannst. Dadurch kannst du auf die StrongGrip-Matte dein Leder kleben und auf die LightGrip-Matte deine Iron-on-Folien.

Wichtig: Denk daran, dass du alle Dateien »spiegeln« musst, da du mit Iron-on-Folien arbeitest. Das bedeutet, dass auch die Datei mit deinem Leder gespiegelt werden muss.

Klicke, sobald du mit deiner Anordnung zufrieden bist, auf »Herstellen«.

2. Klebe nun deine Iron-on-Folien mit der glänzenden Seite nach unten auf die Schneidematte und rolle diese fest, sodass keine Lufteinschlüsse vorhanden sind. Das Gleiche machst du mit deinem Leder auf der StrongGrip-Matte. Lade die erste Matte mit dem passenden Material in deinen Plotter und folge den weiteren Anweisungen deiner Software.

   Wähle die passenden Einstellungen aus und lass deinen Plotter für dich zaubern … ähm … schneiden.

Materialeinstellungen
Iron-on = Everyday Iron-on

Iron-on-Glitzerfolie = Glitter Iron-on

Leder = Shimmer Leather – Glanzleder 1 mm

Hinweis: Die Materialeinstellungen können je nach Material abweichen. Mache hierfür in einer Ecke des jeweiligen Materials einen kleinen Testschnitt.

3. Dein Plotter ist mit dem Schneiden der Datei fertig? Entnimm die Matte und entgittere deine Motive.

4. Nimm nun deine Presse und heize sie vor. Achte hierbei auf die Herstellerangaben deiner zu verarbeitenden Folie. Sobald die Presse startbereit ist, drücke dein Motiv auf den Lederträger. Da du in verschiedenen Ebenen nach und nach deine Motive auf den Lederträger pressen musst, legst du immer ein Backpapier auf die schon gepresste Folie, die nicht von deiner neuen zu pressenden Iron-on-Folie mit Transferpapier abgedeckt wird.

   Falls du dies nicht tust und aus Versehen mit deiner Presse die Folie berührst, zerstörst du dein bisherig angebrachtes Motiv. Ich empfehle dir, die Folien in folgender Reihenfolge anzubringen:

Anhänger 1 – Seite mit dem Schriftzug »Mischief Managed«:
1 Schlüsselanhänger rot, 1 Schlüsselanhänger Schrift

Anhänger 1 – Seite mit dem Schriftzug »I solemnly swear that I am up to no good«:
1 Schlüsselanhänger Schrift, 1 Schlüsselanhänger rot

Anhänger 2 – beide Seiten:
2 Schlüsselanhänger Schrift, 2 Schlüsselanhänger braun

Ziehe die Transferfolie nach jedem Pressvorgang vorsichtig ab. Achte auch hier wieder auf die Herstellerangaben der Folien. Manche Folien kannst du heiß und manche nur kalt abziehen.

5. Nachdem du die Folien abgezogen hast, musst du die Lederflächen noch zusammenkleben.

Wichtig: Klebe bis fast zum Rand, sodass sich der Rand nicht lösen kann. Hast du die Flächen zusammengeklebt, so lege deinen Schlüsselanhänger unter einen Stapel von Büchern (vielleicht ja die Harry-Potter-Bücher?) und presse den Anhänger. Nach einer Weile ist der Kleber ausgehärtet (achte auch hier auf die Herstellerangaben) und du kannst den Schlüsselanhänger unter dem Bücherstapel rausholen.

6. Bringe nun noch den Schlüsselring an und fertig ist dein Schlüsselanhänger. Trage ihn mit Stolz an deinem Schlüsselbund, denn er bringt dir die Magie von Hogwarts in deinen Alltag und ist ein zauberhafter Begleiter, der bewundernde Blicke auf sich ziehen wird.

Und nun: »Missetat begangen!«

Empfehlungen

Brother ScanNCut SDX1350
Für die Folien-Freunde: Der neue Brother SDX 1350 ist nicht nur total schick – und passt damit in jedes Bastelzimmer - er lässt das Herz aller höherschlagen, die gern mit Folien kreativ werden möchten.

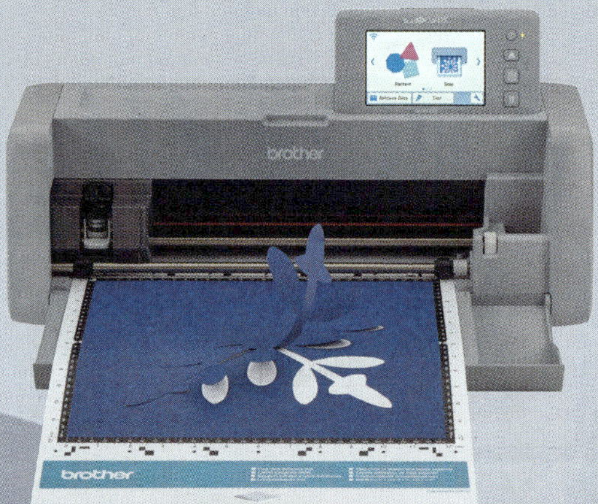

iXpress Classic 2
Die neue Transferpresse von plottiX ist bestens dazu geeignet alle Arten von Aufbügelfolien auf Textilien aufzubringen.

Sie überzeugt nicht nur mit Ihrem platzsparenden Design, sondern auch mit einer benutzerfreundlichen Bedienung.

Empfehlungen

Da ich selbst für dieses Buch ausschließlich mit Cricut-Produkten gearbeitet habe, kann ich für diese Firma eine große Empfehlung aussprechen.

Der Plotter Cricut Maker

Der Cricut Maker (= Plotter) ist bedienerfreundlich, hat eine Vielzahl von Bearbeitungsmöglichkeiten, arbeitet sehr präzise und sieht dazu noch schick aus. Durch die seitlichen Aufbewahrungsbehälter haben die wichtigsten Werkzeuge gleich noch Platz und sind jederzeit griffbereit.

Als ich mit dem Plotten begonnen habe, hatte ich zuvor den Silhouette Cameo. Ich war so weit zufrieden und hatte Spaß an all meinen Plotterarbeiten. Jedoch bin ich irgendwann an die Grenzen meines Plotters gestoßen, da der Silhouette Cameo (zum damaligen Zeitpunkt) noch nicht allzu viele Materialien schneiden bzw. bearbeiten konnte, weil schlicht und einfach die Tools dazu fehlten. Also habe ich mich umgeschaut und bin relativ schnell auf die Marke Cricut gestoßen. Ich war sofort begeistert, welche Vielzahl an Materialien sich mit diesem Plotter schneiden und bearbeiten lassen. Daher war meine Entscheidung schnell gefallen: Ich brauchte einen neuen Plotter!

Die Umgewöhnung von der Silhouette-Software zur Cricut-Software war anfangs nicht ganz so einfach, nach ein paar Probeprojekten bin ich jedoch flott in den Workflow mit Cricut gekommen. Die Designplattform von Cricut bietet so viele zauberhafte Möglichkeiten, ist sehr intuitiv und hübsch im Design.

Es kamen nach meiner Anschaffung immer noch weitere Tools zur Bearbeitung auf den Markt, sodass ich meine Sammlung an Tools stetig erweitert habe. Vorsicht – Suchtgefahr!

Ich bin nach wie vor sehr von diesem Plotter begeistert und habe ihn schon oft in meinem Freundes- und Bekanntenkreis empfohlen.

Tools und weitere Werkzeuge
Ebenso habe ich alle weiteren Tools und Werkzeuge von der Firma Cricut: die Pressen (groß und klein), die Klingen und weitere Werkzeuge, die alle einfach in der Handhabung und optisch gut gekennzeichnet sind. So weiß man auf Anhieb, um welches Tool es sich handelt. Auch der Werkzeugorganizer, in dem ich alle Tools aufbewahren kann, ist grandios und erleichtert mir die Organisation meiner Tools. Alle Produkte funktionieren einwandfrei und machen während der Benutzung durch die einfache Handhabe und das schöne Design noch dazu richtig Spaß.

Ich habe zwar auch die Entgitterwerkzeuge von Cricut, kann hier aber keinen allzu großen Unterschied zu No-Name-Marken, welche ich ebenfalls ausprobiert habe, feststellen.

Schneidematten
Ebenso habe ich zwei verschiedene Marken bei den Schneidematten getestet. Einmal die von Cricut und einmal No-Name-Matten von einem Internetriesen, der uns allen sicherlich bekannt ist (ein Fluss hat einen ganz ähnlichen Namen).

Hier musste ich nach häufiger Benutzung feststellen, dass die Klebekraft bei Cricut im Vergleich zu der No-Name-Matte länger anhält.

Transferfolie
Beim Kauf einer Transferfolie kann man nicht viel verkehrt machen, da nach häufiger Benutzung jede Transferfolie irgendwann ihre Klebekraft verliert, weil Staub auf die Folie gelangt oder durch das Fett an den eigenen Fingern die Klebekraft schwindet.

Folien/Materialien
Zu den Folien möchte ich Folgendes sagen: Ich habe Folien von ganz vielen verschiedenen Anbietern ausprobiert. Jede Folie, die ich getestet habe, hat einwandfrei funktioniert und ihren Nutzen erfüllt. Es sei jedoch gesagt, dass es wichtig ist, auf die Herstellerangaben zu achten.

Der Hersteller gibt zum Kauf immer eine Anweisung, wie man das Material nutzen soll. Hält man sich an diese Anweisung, so hat man keinerlei Probleme und sehr viel Spaß bei allen zauberhaften Bastelprojekten.

Die Autorin

Jennifer Leidner wurde 1989 in Düren geboren. Sie lebte als kleines Kind für drei Jahre in Portugal, kehrte danach mit ihren Eltern zurück nach Deutschland und wuchs in der Nähe von Augsburg auf. Bereits in ihrer Kindheit liebte sie es, zu basteln, zu malen und sich kreativ auszutoben. Diese Kreativität verknüpft sie nun in ihren zwei Berufen, denn sie arbeitet als Lehrerin und selbstständige Fotografin.

Seit der Erscheinung des ersten Buchs »Harry Potter und der Stein der Weisen« hat die Magie sie in ihren Bann gezogen. Am liebsten würde Jennifer in Hogwarts unterrichten – auf den Brief aus der Zaubererschule wartet sie jedoch nach wie vor vergeblich.

So entstand die Idee, die Magie ins Klassenzimmer zu holen. Durch Dekoration, Unterrichtsmaterialien und weitere Inspirationen wird die Zauberei Stück für Stück real. Unter dem Namen @hogwartslehrerin erhaltet ihr Einblicke in Jennifers persönliches Hogwarts-Klassenzimmer.

Wie Miranda Habicht und Bathilda Bagshot reiht sich nun auch Jennifer Leidner in die Liste zauberhafter Autorinnen ein. Natürlich hat sie es sich als Fotografin nicht nehmen lassen, die Fotos im Buch selbst zu erstellen. Durch dieses Buch mit seinen zauberhaften Projekten kann nun auch bei euch ein Hauch Magie einziehen.

»After all this time?«
»Always«

– Severus Snape

Impressum

Autorin/Fotografin: Jennifer Leidner
Illustrationen: Jennifer Leidner
Verantwortlich: Johanna von Pechmann
Produktmanagement, Lektorat: Mareike Weber
Korrektorat: Judith Bingel
Layout: Marcus Taeschner, A flock of sheep
Umschlaggestaltung: Nina Andritzky
Repro: LUDWIG:media
Herstellung: Julia Hegele
Printed in Poland by CGS Printing

Unser komplettes Programm finden Sie unter

 www.christophorus-verlag.de 

Zu den digitalen Inhalten für dieses Buch gelangst du über den QR-Code:

Sind Sie mit diesem Titel zufrieden? Dann würden wir uns über Ihre Weiterempfehlung freuen. Erzählen Sie es im Freundeskreis, berichten Sie Ihrem Buchhändler oder bewerten Sie bei Onlinekauf. Und wenn Sie Kritik, Korrekturen, Aktualisierungen haben, freuen wir uns über Ihre Nachricht an:
Christophorus Verlag, Postfach 40 02 09, D-80702 München oder per E-Mail an lektorat@verlagshaus.de

Die Deutsche Nationalbibliothek verzeichnet diese Publikation in der Deutschen Nationalbibliografie; detaillierte bibliografische Daten sind im Internet über www.dnb.de abrufbar.

ISBN 978-3-8388-3880-9

 Kreativ-Service

Sie haben Fragen zu unseren Büchern und Materialien? Wir beraten Sie gern rund um alle Kreativthemen. Rufen Sie uns einfach an. Wir interessieren uns auch für Ihre eigenen Ideen und Anregungen. Sie erreichen uns per E-Mail kreativ-service@c-verlag.de oder unter der Telefonnummer 0049-89-1306 99 577.

Besuchen Sie uns im Internet: www.christophorus-verlag.de & www.selbstgemacht.de